Michael Schmale

Mitarbeiterbefragungen als Führungsinstrument in Non-Profit-Organisationen

Grundlagen, Durchführungsanleitung und Praxisbeispiel

disserta
Verlag

Schmale, Michael: Mitarbeiterbefragungen als Führungsinstrument in Non-Profit-Organisationen: Grundlagen, Durchführungsanleitung und Praxisbeispiel, Hamburg, disserta Verlag, 2014

Buch-ISBN: 978-3-95425-844-4
PDF-eBook-ISBN: 978-3-95425-845-1
Druck/Herstellung: disserta Verlag, Hamburg, 2014
Covermotiv: © laurine45 – Fotolia.com

Bibliografische Information der Deutschen Nationalbibliothek:
Die Deutsche Nationalbibliothek verzeichnet diese Publikation in der Deutschen Nationalbibliografie; detaillierte bibliografische Daten sind im Internet über http://dnb.d-nb.de abrufbar.

© disserta Verlag, Imprint der Diplomica Verlag GmbH
Hermannstal 119k, 22119 Hamburg
http://www.disserta-verlag.de, Hamburg 2014
Printed in Germany

Inhaltsverzeichnis

1 Einleitung

Mitarbeiterbefragungen gehören heute zum Standardrepertoire moderner Unternehmenskommunikation. Schon lange sind sie keine profanen Meinungs-umfragen mehr, die man als „Upwards communications" (Kraut & Freeman 1992), als „Ohren an der Basis" (Gottschall 1988) oder „Geschäftsberichte von unten" (Freimuth & Kiefer 1995) verstehen sollte. Eine mehr als hundertjährige wissenschaftliche Entwicklungszeit hat dazu geführt, dass gut geplante Mitar-beiterbefragungen heute präzise sozialwissenschaftliche Messinstrumente darstellen, die hohen Qualitätsanforderungen gerecht werden (Bien 1995: 14). Im Sinne eines pädagogischen Ansatzes werden sie zu einem wichtigen Gestaltungselement lernender Organisationen, welches gleicher-maßen als Lernquelle und Erfolgskontrolle dient (Trefz 2004: 13; Freimuth & Kiefer 1995: 4f.).

Ziel der vorliegenden Arbeit ist es, die Planung, Konstruktion und Umsetzung einer Mitarbeiterbefragung am Beispiel des Malteser Hilfsdienstes vorzustellen und deren Qualität anhand zentraler Gütekriterien zu überprüfen. Das Besonde-re dabei ist, dass es sich beim Malteser Hilfsdienst um ein nicht-gewinnorientiertes gemeinnütziges Unternehmen, eine so genannte *Non-Profit-Organisation* handelt. Obwohl das Interesse an Mitarbeiter-befragungen in Deutschland sowohl in der Praxis als auch in der wissenschaft-lichen Diskussion deutlich zugenommen hat (Borg 2000: 15), bleibt der Non-Profit-Sektor in diesem Kontext weitgehend unbehandelt. Dies verwundert umso mehr wenn man bedenkt, dass die Existenzgrundlage solcher Organisati-onen typischerweise ehrenamtlich tätige Mitarbeiter[1] bilden, was zu erheblichen Herausforderungen für das Management im Vergleich zu kommerziellen Unternehmen führt. Selbst gering-qualifiziertes Personal wird zur knappen Ressource; der Erfolg der gesamten Organisation hängt maßgeblich von der Kooperation mit den Mitarbeitern ab. Die Organisationsstruktur muss in der Lage sein, die besonderen Bedürfnisse der ehrenamtlich Tätigen zu befriedi-gen, um Personal zu gewinnen und dauerhaft zu binden. Aus diesen Gründen kommt der Mitarbeiterbefragung in *Non-Profit-Organisationen* ein immenses

---
[1] Es sind stets beide Geschlechter gemeint.

Potential zu, wenn es darum geht Kommunikationsprozesse in Gang zu bringen, die eine kontinuierliche Strukturverbesserung protegieren.

Die vorgestellte Mitarbeiterbefragung kann als Evaluationsinstrument ehrenamtlicher Strukturen verstanden werden. Ohne eine begriffliche Klärung vorwegzunehmen, sollen dadurch bereits wichtige Funktionen der Befragung verdeutlicht werden. Zum einen geht es um die Offenlegung und Analyse der ehrenamtlichen Struktur gemeinnütziger Organisationen mit Hilfe von Mitarbeiterbefragungen, zum anderen soll auf den evaluativen Charakter dieses Prozesses aufmerksam gemacht werden. Wie zu zeigen ist, kann sich ein Evaluationsinstrument nicht auf die reine Erhebung von Daten beschränken, sondern will Veränderungsprozesse bewerten und seinerseits initiieren. Dies erfordert ein hohes Maß an Systematik bei gleichzeitig zielgruppenorientierter und praxisbezogener Umsetzung.

Im Verlauf dieser Arbeit werden zunächst Begriffsbestimmungen vorgenommen und die theoretischen Grundlagen von Mitarbeiterbefragungen vorgestellt, um daraus wichtige Gütekriterien für den Mitarbeiterbefragungsprozess abzuleiten. Daran anschließend wird die Organisationsstruktur des Malteser Hilfsdienstes als Gegenstand der Befragung beschrieben und das Phänomen ehrenamtlicher Tätigkeiten diskutiert. Der empirische Teil dieser Arbeit stellt die Entwicklung einer standardisierten Befragung der Helferschaft beim Malteser Hilfsdienstes dar, deren Qualität schließlich anhand der theoretisch hergeleiteten Gütekriterien abgeschätzt werden soll. Dazu wurden Vollbefragungen in insgesamt drei Ortsgliederungen des Malteser Hilfsdienstes durchgeführt. Im Fokus steht die Überprüfung des Fragebogens als Messinstrument der Helferbefragung. Die verwendeten statistischen Methoden sind Bestandteil der *Klassischen Testtheorie*[2], deren Kenntnis als Grundlage dieser Arbeit vorausgesetzt werden soll.

---

[2] Mit der Theorie und Entwicklung von Fragebögen als psychometrische Tests setzt sich die Wissenschaft seit über 100 Jahren intensiv auseinander. Weitgehend dominant sind bis heute die so genannte *Klassische Testtheorie* (Rost 1996; Bühner 2004; Bortz 2006; Rasch, Friese, Hofmann & Naumann 2006) und der *Reflektive Ansatz* zur Messung von Konstrukten, der die Grundlage für diese Arbeit bildet (Eberl 2006; Eberl 2004; Jarvice, Mackenzie & Podsakoff 2003). Yousfi (2003) zeigt, dass trotz zunehmender Kritik und Verfügbarkeit neuerer Ansätze, sorgfältig konstruierte Tests auf dieser Grundlage gute bis sehr gute, vor allem aber praktikable Ergebnisse liefern.

2 Theoretische Grundlagen der Mitarbeiterbefragung

Im Folgenden soll der äußere Rahmen von Mitarbeiterbefragungen durch geeignete Begriffsbestimmungen und theoretische Grundlagen abgesteckt werden. Dazu werden die historische Entwicklung sowie Ziele und Formen der Mitarbeiterbefragung dargestellt. Auf dieser Basis soll die Mitarbeiterbefragung schließlich als Evaluationsinstrument verortet werden.

2.1 Begriffsbestimmungen

Bereits das Wort *Mitarbeiterbefragung* selbst beschreibt die wesentlichen Merkmale dieses Begriffs. Grundsätzlich handelt es sich um eine Befragung von Mitarbeitern in Unternehmen oder Organisationen. Die Internet-Suchmaschine „Google" liefert zum Schlagwort *Mitarbeiterbefragung* etwa 110.000 Treffer (vgl. Google 2008), was auf einen inflationären Gebrauch des Begriffs hindeutet. In der Forschung werden *Mitarbeiterbefragungen* auch als *Betriebsumfragen*, *soziologische Betriebsuntersuchungen*, *innerbetriebliche Meinungsumfragen*, *Belegschaftsbefragungen*, *innerbetriebliche Einstellungs-forschung*, *Betriebsklimaanalysen*, *Mitarbeiterzufriedenheitsanalysen* oder *Mitarbeiter-Meinungsumfragen* (Domsch & Siemers 1995: 39; Jöns 1997: 15) beschrieben. Eine systematische Unterscheidung oder semantische Abgren-zung bleibt weitgehend aus.

Befragungen sollen im Allgemeinen Informationen über die Befragten sammeln oder deren Einschätzung zu konkreten Sachverhalten erfassen (Borg & Bergermaier 1995: 31). Form und Ablauf können dabei jedoch höchst unterschiedlich sein. Jöns (1997: 15) unterscheidet *Mitarbeiterbefragungen* auf Grund der systematischen Vorgehensweise zunächst von informellen Mitarbei-tergesprächen. Weiterhin lassen sich *Mitarbeiterbefragungen* von anderen Befragungen durch ihre spezielle Zielgruppe und die spezifischen Sachverhalte, nach denen gefragt wird, abgrenzen. Die Mitarbeiter einer Organisation sind durch Zusammenarbeit, gemeinsame Ziele, Aufgaben und Erfahrungen geprägt und werden zu ihrer Arbeit und der bestehenden Organisationsstruktur befragt. Durch die genaue Definition der Zielgruppe wird es möglich, im Vorfeld der Befragung Annahmen und Rückschlüsse über diese zu formulieren. *Mitarbei-*

terbefragungen können gleichsam als Experten-befragungen bezeichnet werden, die die Mitarbeiter der Organisation als Experten ihrer eigenen Arbeitssituation verstehen (Neugebauer 2003: 4).

Die ausführliche Auseinandersetzung von Domsch & Schneble (1991: 1ff) mit dem Instrument der *Mitarbeiterbefragung*, lässt sich schließlich zu einer geeigneten Definition zusammenfassen: Ihnen zufolge kann eine *Mitarbeiterbefragung* als ein Instrument der zeitgemäßen Unternehmensführung verstanden werden, durch das im Auftrag der Geschäftsleitung und in Zusammenarbeit mit der Mitarbeitervertretung, anonym, auf freiwilliger Basis und direkt bei allen Mitarbeitern, beziehungsweise einer repräsentativen Stichprobe, unter Beachtung methodischer, organisatorischer und rechtlicher Rahmenbedingungen, Informationen über Einstellungen, Erwartungen und Bedürfnisse der Mitarbeitern in unterschiedlichen Bereichen der betrieblichen Arbeitswelt oder der Umwelt erfragt werden, um daraus Hinweise auf die betrieblichen Stärken und Schwächen als Grundlage konkreter gestalterischer Maßnahmen zur Einleitung eines Änderungsprozesses ableiten zu können.[3]

Darüber hinaus wird der Begriff *Mitarbeiterbefragung* nicht auf das eigentliche Erhebungsinstrument – in der Regel den Fragebogen – reduziert, sondern als Gesamtprozess verstanden, in welchem die eigentliche Befragung einen einzelnen Baustein darstellt.

---

[3] Vergleiche auch Domsch & Siemers 1995: 40. Diese Definition orientiert sich an dem von Bungard und Jöns (1997) entwickelten Mitarbeiterbefragungsmodell und enthält die entscheidenden Charakteristika einer Mitarbeiterbefragung, welche in aktuellen Publikationen angeführt werden. Vergleiche (Domsch & Ladwig 2006: 3ff.) sowie (Liebig 2006: 9ff.) für eine aktuelle und differenzierte Betrachtung.

Abbildung 2.1: Der Prozesscharakter der Mitarbeiterbefragung.

Quelle: eigene Darstellung.

Liebig (2006) konnte zeigen, dass die Rahmenbedingungen und der Gesamt-prozess einer *Mitarbeiterbefragung* essentiell für dessen Erfolg in Form eines Entwicklungs- und Verbesserungsmanagements der Organisation sind. Dies verdeutlicht die hohe Komplexität und die Anforderungen, die der Mitarbeiterbe-fragungsprozess an die Verantwortlichen stellt. Jeder einzelne Schritt, jede Phase muss sorgfältig durchdacht und erarbeitet werden und erfordert eine entsprechende Methodenkompetenz. Ad hoc Projekte sind wenig effektiv, unter Umständen sogar schädlich.

2.2 Historische Entwicklung der Mitarbeiterbefragung

Die Geschichte der Mitarbeiterbefragung beginnt vermutlich in Frankreich zu Beginn des 19. Jahrhunderts mit der Befragung von Fabrikarbeitern zu ihrer sozialen Lebenssituation (Bundgard 2005: 163). Die wohl bekanntesten Mitar-beiterbefragungen des letzten Jahrhunderts stellen die von 1927 bis 1932 in den USA durchgeführten *Hawthorne-Studien* dar. Dabei wurden gut 20.000 Arbeitnehmerinnen und Arbeitnehmer zu ihren – vom damaligen Taylorismus geprägten – Arbeitsbedingungen befragt, um durch geeignete Veränderungen leistungssteigernde Effekte zu erzielen (Bien 1995: 15f.). Obwohl das Ziel der Untersuchungen damals auf der reinen Optimierung der Arbeitsumgebung lag, belegen die Ergebnisse der Studien die enorme Bedeutung von Mitarbeiterori-entierung, Kommunikation und sozialen Werten für den Unternehmenserfolg.

Diese Ergebnisse führten zur *Human-Relations-Bewegung* und gelten als die Geburtsstunde der Organisationsforschung (a.a.O.; zum Hawthorne-Effekt und Taylorismus vgl. Schuler 2003).

In Deutschland wurden Mitarbeiterbefragungen nach dem zweiten Weltkrieg vermehrt im Zusammenhang mit der Erforschung der *Arbeitszufriedenheit* eingesetzt. In den 1970er Jahren kam es zu Entwicklungen standardisierter Messinstrumente, beispielsweise der *Skala zur Messung der Arbeitszufriedenheit* (SAZ) von Fischer & Lück (1972) und dem *Arbeitsbeschreibungsbogen* (ABB) von Neuberger & Allerbeck (1978). Auf Grund der hohen Komplexität konnte das Konstrukt *Arbeitszufriedenheit* allerdings bis heute nicht befriedigend operationalisiert werden, weshalb das Interesse an diesem Begriff sukzessive zurückging (Trefz 2004: 12; für eine aktuelle Diskussion über Arbeitszufriedenheit vgl. Fischer 2006a).

Stattdessen rückten in den 1980er und 1990er Jahren Begriffe wie *Organisationskultur* und *Betriebsklima* ins Zentrum der Organisationsforschung (Schein 2003). Unternehmen formulierten gemeinsame Grundsätze und Leitbilder, mit dem Ziel einer nachhaltigen Identitätsbildung („Corporate-Identity"). Mitarbeiterbefragungen sollten Werte und Einstellungen der Belegschaft erfassen, um dadurch Stärken und Schwächen der Organisation zu identifizieren.

In den letzten Jahren wurden Mitarbeiterbefragungen auf Grund des steigenden wirtschaftlichen Effizienzdrucks schließlich zu Instrumenten der Qualitäts- und Organisationsentwicklung (Bundgard 1997). Sie sind feste, zum Teil bindende Bestandteile gängiger Qualitätsmanagementkonzepte wie dem *Total Quality Management* oder Zertifizierungen anhand der Normenreihen DIN EN ISO 9000-9004 (Stockmann 2006: 25). Für die Auszeichnung mit dem europäischen Qualitätspreis (EQA) der *European Foundation for Quality Management* (EFQM) ist eine regelmäßig durchgeführte Mitarbeiterbefragung zwingende Voraussetzung (Borg 2000: 38). Gestützt wird das Konzept der Mitarbeiterbefragung als Bestandteil der Organisationsentwicklung dabei von der *Survey-Feedback-Methode*. Darunter versteht man „die systematische Sammlung von Daten über ein System, die zwingend erforderliche Rückkopplung dieser Daten an die Betroffenen der Organisationseinheit sowie deren anschließende Dis-

kussion und Analyse als Basis zur Entwicklung von Problemlösungen"
(Ganserer & Große-Peclum 1995: 98).

Abbildung 2.2: Modell des Survey-Feedbacks als Grundprinzip von Mitarbeiterbefragungen.

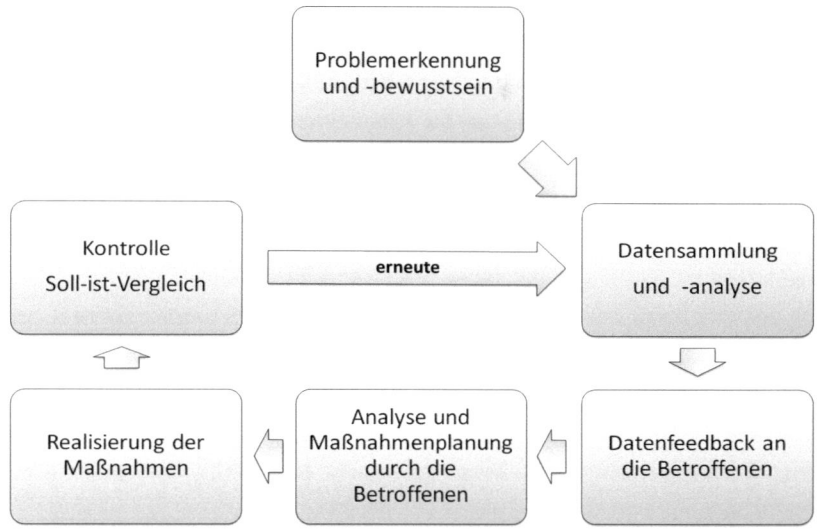

Quelle: Ganserer & Große-Peclum 1995: 98; eigene Anpassung.

Dieses Modell unterstreicht die Notwendigkeit umfassender Folgeprozesse
sowie einer regelmäßigen und systematischen Umsetzung.

2.3 Funktionen und Ziele der Mitarbeiterbefragung

Die Funktionen von Mitarbeiterbefragungen lassen sich im Wesentlichen zwei
groben Ziel-Richtungen zuordnen. Zum einen dem eher klassischen Ziel der
Informationsgewinnung in Form punktueller Untersuchungen, zum anderen den
weitaus moderneren Zielen des *Einbindungs- und Interventionsmanagements*,
die längerfristig angelegt sind.

Geht es um die reine *Informationsgewinnung* kann eine Mitarbeiterbefragung
als Erhebungs-, Analyse- oder Diagnoseinstrument verstanden werden
(Jöns 1997: 18ff.). Ziel der Befragung ist es dann, Daten über die Zufriedenheit
der Mitarbeiter mit ihrer Arbeit, dem Betriebsklima oder dem Führungsstil der

Vorgesetzten zu gewinnen. Letztendlich sind dies immer Informationen über Einstellungen und Meinungen. Durch Kenntnis dieser Daten erhofft man sich geeignete Maßnahmen ableiten zu können, die die Zufriedenheit der Mitarbeiter erhöhen, im Vertrauen dadurch produktivitätssteigernde Effekte zu generieren. [4]

In der aktuellen Forschung werden darüber hinaus immer häufiger *Interventionsfunktionen*, bis hin zu *Auftau- und Einbindungsfunktionen* von Mitarbeiterbefragungen diskutiert. Dabei stellt die Mitarbeiterbefragung selbst ein Kommunikationsinstrument in Form eines Partizipations- oder Einbindungsmanagements der Mitarbeiter dar (Borg 2000: 22f.). Neue Programme oder Überlegungen des Managements werden anhand der Befragung angesprochen und eingeführt, wobei gleichzeitig das Interesse und die Meinungen der Mitarbeiter über diese Programme zurückgespielt werden können, ohne generell für das Unternehmen relevant sein zu müssen. Der Befragung kommt dann „eine *Akzeptanzsicherungs- und Eisbrecherfunktion* für den Einstieg in die Verbesserungsprozesse zu" (Jöns 1997: 21; ohne Hevorhebungen im Original). Diese Form von Mitarbeiterbefragungen nennt Borg (2000: 23) „Auftau- und Einbindungsmanagement Programme" (AEMP).

Eine Sonderrolle spielt die *Evaluationsfunktion* der Mitarbeiterbefragung, die in der Regel als Überprüfung von Annahmen der Führung oder des Managements gegenüber der Belegschaft verstanden wird (Jöns 1997: 18). Einerseits dient sie dem Ziel der *Informationsgewinnung*, anderseits ist im Rahmen des AEMP eine *Evaluation*[5] zur Überprüfung von Wirkungen umgesetzter Maßnahmen und laufender Interventionsprogramme vorgesehen. Borg (2000) gibt jedoch nicht an, ob diese *Evaluation* durch die Mitarbeiterbefragung selbst durchgeführt werden soll oder eine eigene Maßnahme darstellt. Wird durch eine zyklisch durchgeführte Mitarbeiterbefragung gleichzeitig die Wirksamkeit der abgeleiteten Interventionsprozesse vorangegangener Mitarbeiterbefragungen überprüft

---

[4] Der vielfach intuitiv konstatierte Kausalzusammenhang zwischen zufriedenen Mitarbeitern einerseits und Steigerungen der Produktivität andererseits, ist wissenschaftlich gesehen nicht haltbar. Das Feld der Arbeitszufriedenheit ist zu komplex als dass es auf einige wenige pauschale Zusammenhänge reduziert werden kann. Dennoch können zufriedenheitssteigernde Maßnahmen den Unternehmenserfolg unter bestimmten Umständen begünstigen. Für eine differenzierte Auseinandersetzung mit diesem Thema vgl. Schmidt 2006; sowie Abele, Cohrs & Dette 2006.

[5] Für eine nähere Definition vgl. Kapitel 2.5 dieser Arbeit.

und bewertet, ist eine *Evaluationsunktion* in diesem Sinne dem Ziel des *Einbin-dungs- und Interventionsmanagements* zuzuordnen.

2.4 Formen der Mitarbeiterbefragung

Borg (2000: 20ff.) unterscheidet anhand der genannten Ziele der Mitarbeiterbe-fragung insgesamt fünf Haupttypen:

2.4.1 Meinungsumfragen

Ist das Ziel der Mitarbeiterbefragung ein Bild über die Meinung und Einstellung der Mitarbeiter zu Aspekten ihrer Tätigkeit oder der Gesamtorganisation zu gewinnen, handelt es sich um eine *Meinungsumfrage*. Diese können, je nach Differenzierung, die komplette Belegschaft oder nur eine ausgewählte Stichpro-be von Mitarbeitern betreffen. Sie können allgemeine und umfassende Aspekte der Organisationsstruktur thematisieren oder konkrete Meinungen zu aktuellen Problembereichen abfragen. In der Regel handelt es sich um einmalige Aktio-nen zur Unterstützung aktueller Managemententscheidungen, beispielsweise die Qualitätsbeurteilung des Essens der Kantine, einer gelaufenen Fortbil-dungsveranstaltungen oder anderer organisationsinterner Aktionen.

2.4.2 Benchmarkingumfragen

Ist die Mitarbeiterbefragung dagegen längerfristig ausgelegt und wird sie regelmäßig zur Erfassung konkreter Daten über Abteilungen und Organisati-onseinheiten durchgeführt, die dann untereinander verglichen und anhand einer Referenzgruppe normiert werden, spricht man von *Benchmarkingumfragen*. [6] Solche Mitarbeiterbefragungen werden typischer-weise zu einem festen Termin in allen relevanten Organisationseinheiten wiederholt, um jeweils aktuelle Vergleichskennzahlen zu gewinnen.

2.4.3 Klimabefragungen mit Rückspiegelung

---

[6] Der Begriff *Benchmarking* wird insbesondere in den Wirtschaftswissenschaften als Prozess des Vergleichens von Herstellungsprozessen, Managementpraktiken, Produkten oder Dienstleistungen verwendet. Spendolini (1992) definiert Benchmarking als „a continuous, systematic process for evaluating the products, services, and work processes of organisations that are recognized as representing best practices for the purpose of organizational improvements". Dabei werden Kennzahlen definiert, denen empirische oder theoretisch hergeleitete Referenzwerte zugewiesen werden. Anhand dieser Referenzwer-te werden einzelne Organisationen oder deren Abteilungen bewertet. Vergleiche hierzu Zdrowomyslaw & Kasch 2002; Töpfer 1997; sowie Fies & Schmitt 1997.

Mitarbeiterbefragungen als *Klimabefragungen mit Rückspiegelung* unterscheiden sich von den ersten beiden Formen dadurch, dass sie den Schwerpunkt auf die differenzierte und systematische Rückspiegelung der Ergebnisse an die Betroffen legen. Hier wird die Interventionsfunktion der Mitarbeiterbefragung in den Vordergrund gestellt. Typischerweise werden Arbeitsgruppen gebildet, die sich mit den Befragungsergebnissen auseinandersetzten und entsprechenden Handlungsbedarf ableiten sollen. Dadurch erhofft man sich eine Steigerung von Diskussions- und Kommunikationsprozessen zwischen Mitarbeitern, die sich positiv auf das Betriebsklima auswirken. Mitarbeiter sollen aktiv an Verbesserungsprozessen der Organisation beteiligt werden und helfen, Probleme vor Ort zu erkennen und abzubauen.

2.4.4 Auftau- und Einbindungsmanagementprogramme

Deutlicher darüber hinaus geht das Konzept der Mitarbeiterbefragung als *Auftau- und Einbindungsmanagementprogramm*. Hier liegt der Fokus nicht mehr allein auf der eigentlichen Befragung und der Gewinnung von Informationen zur Organisationsentwicklung. Der Befragungsprozess ist vielmehr ein Schritt in einem umfangreichen Interventionsprozess, der im Dialog mit den Mitarbeitern der Organisation geführt werden soll. Dazu sind umfangreiche Überlegungen zur Planung und Positionierung der Mitarbeiterbefragung in der Organisation erforderlich, denn die Durchführung der Befragung selbst soll, durch geeignete Wahl der Befragungsthemen, dem Informationstransport dienen. Dahinter steht die Idee, dass die Mitarbeiter durch entsprechend gestellte Fragen bereits mit Themen konfrontiert werden, mit denen sie sich im folgenden Prozess stärker auseinandersetzen sollen. Darauf aufbauend kann die Organisationsführung – unabhängig von den Befragungsergebnissen – verschiedene Handlungsfelder und Folgeprozesse festlegen. Eine umfassende Rückspiegelung der Ergebnisse soll schließlich im Diskurs mit den Mitarbeitern zu entsprechenden Handlungsmöglichkeiten und konkreten Aktionsplänen führen, die im letzten Schritt umgesetzt werden. Daraus folgt, dass die Mitarbeiterbefragung nicht mit der Erfassung und Darstellung der Informationen gegenüber der Geschäftsleitung, sozusagen von unten nach oben, enden kann. Vielmehr muss sie die Ergebnisse an die gesamte Belegschaft zurückspiegeln,

um Reaktionen und Kommunikation in Gang zu setzen, die Veränderungsprozesse einleiten können (Borg 2000: 21ff.).

2.4.5 Systemische Mitarbeiterbefragung

Die letztgenannte Form der Mitarbeiterbefragung wird in ihrer umfassendsten
Ausgestaltung eine *systemische Mitarbeiterbefragung*, wenn sie regelmäßig
durchgeführt und systematisch mit verschiedenen weiteren Organisationsent-
wicklungsmaßnahmen verbunden wird, um die gewonnen Daten in Form von
Kennzahlen fest in bestehende Führungs- und Managementsysteme einzubet-
ten. Mit Hilfe der *Evaluationsfunktion* soll auf diese Weise der Nutzen des
Mitarbeiterbefragungsprozesses selbst beurteilbar werden, indem der Erfolg der
abgeleiteten Maßnahmen durch die nächste Mitarbeiterbefragung überprüft wird
(Bungard, Puhl & Trost 1999; vgl. zur Evaluationsfunktion auch Kapitel 2.3).

2.5 Die Mitarbeiterbefragung als Evaluationsinstrument

Im Rahmen der Darstellung der Funktionen und Ziele der Mitarbeiterbefragung
wurde bereits die Evaluationsfunktion von Mitarbeiterbefragungen angesprochen. Innerhalb dieser Arbeit soll darauf aufbauend ein deutlich erweiterter
Evaluationsbegriff verwendet werden, der eng mit dem Ziel des Einbindungs-
und Interventionsmanagements einhergeht und im Sinne eines Qualitätsmanagements, ein Instrument der Qualitätssicherung darstellt. Dazu ist der Begriff
Evaluation zunächst genauer zu definieren.

2.5.1 Zum Begriff Evaluation

Als Anwendungsvariante wissenschaftlicher Forschungsmethodik befasst sich
die Evaluationsforschung vorrangig mit der Bewertung von Interventionen, zum
Ziel der Qualitätsentwicklung. Bortz & Döring (2006: 97) führen den Evaluationsbegriff in Bezug auf die Bewertung von Interventionsprogrammen weiter
aus und differenzieren fünf zentrale Funktionen von Evaluationen:

Erkenntnisfunktion: Evaluationen sollen Erkenntnisse über den untersuchten
Interventionsprozess liefern.

Optimierungsfunktion: Es sollen Maßnahmen abgeleitet werden können, um
den Interventionsprozess sinnvoll zu verbessern.

Kontrollfunktion: Evaluationen sollen überprüfen, ob der Interventionsprozess das angestrebte Ziel erreicht (Effektivität) und in wie weit dies möglichst wirtschaftlich geschieht (Effizienz).

Entscheidungsfunktion: Ergebnisse der Evaluationsforschung sollen Entscheidungen über den weiteren Verlauf eines Interventionsprozesses ermöglichen.

Legitimationsfunktion: Der Interventionsprozess soll durch die Existenz der Evaluation oder deren Ergebnisse nach außen hin legitimiert werden.

Diese Funktionen von Evaluation schlagen sich in der Definition von Böttcher, Holtappels und Brohm (2006: 8) nieder, die Evaluation als „Methode systematischer Datensammlung, die Analyse und eine an Kriterien orientierte Bewertung der Befunde mit dem primären Ziel, Impulse für die Verbesserung von Maßnahmen oder Systemen zu liefern" verstehen. Evaluationsinstrumente haben demnach die Aufgabe „die Zielerreichung und Qualität von Strukturen, Prozessen oder Interventionen zu überprüfen und dazu beizutragen, deren Wirksamkeit zu steigern, wobei zugleich die Sparsamkeit des Mitteleinsatzes zu berücksichtigen ist" (a.a.O.).

Durch die Evaluationsstandards der *Deutschen Gesellschaft für Evaluation* (DGEVAL) wird ein solches Aufgabenverständnis von Evaluationsinstrumenten schließlich fixiert. Demnach soll jeder Evaluationsprozess grundsätzlichen Ansprüchen an Nützlichkeit, Durchführbarkeit, Korrektheit und Genauigkeit gerecht werden. Das bedeutet, dass Evaluationen an den Informationsbedürfnissen der Nutzer ausgerichtet sein müssen sowie realistisch, gut durchdacht, diplomatisch und kostenbewusst durchgeführt werden sollen. Jede Evaluation muss rechtlich und ethisch korrekt und für das Wohlergehen derer, in die Evaluation einbezogenen und von deren Ergebnissen betroffenen Personen, aufmerksam sein. Schließlich sollten Evaluationen eine hinreichende Güte und Verwendbarkeit der gewonnenen Daten garantieren und fachlich angemessene Informationen hervorbringen (DGEVAL 2008).

2.5.2 Konsequenzen für die Mitarbeiterbefragung

Entsprechend dieser Anforderungen, kann die Mitarbeiterbefragung als Evaluationsinstrument keine einfache Meinungsumfrage sein. Sie muss spezielle, methodisch exakte Messungen ermöglichen, mit deren Hilfe sich komplexe Strukturen über Veränderungsprozesse abbilden lassen. Darüber hinaus sollten die gewonnenen Daten einen nachhaltigen Nutzen hinsichtlich der Organisationsverbesserung erzeugen und an den Bedürfnissen der Mitarbeiter ausgerichtet sein. Dieser Aspekt legt eine periodische Durchführung der Mitarbeiterbefragung als Evaluationsinstrument nahe, da eine Momentaufnahme in der Regel keinen nachhaltigen Beitrag zum Verständnis dynamischer Organisationsstrukturen liefern kann.

Der Evaluationsprozess ist mit der Datensammlung und nachfolgender Analyse nicht beendet, sondern beginnt gerade erst. Ergebnisse und gewonnene Rückschlüsse müssen in Feedbackprozessen transparent gegenüber allen Beteiligten zurückgespiegelt werden. Durch den Diskurs mit den Mitarbeitern soll es möglich werden, Veränderungsprogramme zur nachhaltigen Organisationsentwicklung zu schaffen und umzusetzen. Mit Hilfe periodisch durchgeführter Mitarbeiterbefragungen, die an die Positionierung und die geschaffene Qualitätsstruktur des vorherigen Befragungsprozesses anschließen, lässt sich dann die Wirkung dieser Interventionen abschätzen und entscheiden, ob laufende Programme fortgesetzt, erweitert oder modifiziert werden müssen. Im Rahmen dieser Arbeit versteht sich der Mitarbeiterbefragungsprozess daher als formative „on-going Evaluation" (Stockmann 2006: 31; Bortz & Doering 2006: 100) der gesamten Organisationsstruktur; regelmäßig und ohne festgelegten Zeitraum.

Abbildung 2.3: Prozess einer Mitarbeiterbefragung als Evaluationsinstrument.

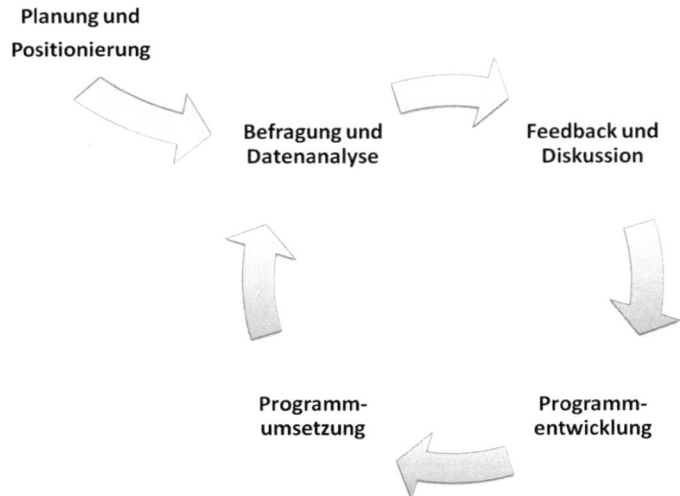

Quelle: eigene Darstellung.

Schließlich wird dadurch auch der Nutzen der Mitarbeiterbefragung selbst beurteilbar. Mitarbeiterbefragungen nach diesem Verständnis sind an ihrem Veränderungspotential zu messen. Sie sollen „letztendlich die Kultur der Organisation verändern und damit die Grundüberzeugungen, Werte und Einstellungen ihrer Akteure" (Borg 2000: 27). Der Mitarbeiterbefragungsprozess lässt sich dadurch plakativ als einen „transformatorischen Akt" (Stockmann 2006: 32) bezeichnen, der die Entwicklung der gesamten Organisation unter aktiver Einbeziehung seiner Mitglieder ermöglichen soll.

Um dem formulierten Standard der Güte und Verwendbarkeit von Evaluations-prozessen gerecht zu werden erscheint es angebracht, die Gütekriterien der sozialwissenschaftlichen Forschung für die Konstruktion geeigneter Evalua-tionsinstrumente heranzuziehen. Für quantitative Messinstrumente nach der Klassischen Testtheorie sind das Eigenschaften wie *Reliabilität*[7], *Objektivi-*

---

[7] *Reliabilität* beschreibt die Zuverlässigkeit respektive Genauigkeit einer Messung. Testtheoretisch wird dies anhand der Replizierbarkeit einer Messung beurteilt. Ein Evaluationsinstrument muss in der Lage sein, bei unveränderter Ausgangslage unter gleichen Rahmenbedingungen gleiche Ergebnisse zu liefern.

tät[8] und *Validität*[9] (vgl. Bühner 2004; Bortz & Doering 2006; Rost 1996). Diesen Gütekriterien sind im Rahmen der definierten Standards für Evaluationen und den vorgestellten Funktionen und Zielen von Mitarbeiterbefragungen, Weitere hinzuzufügen.

Das folgende Kapitel soll eine allgemeine Übersicht über die Methodik und Entwicklung von Mitarbeiterbefragungen im Rahmen sozialwissenschaftlicher Forschung geben, um in Anschluss daran geeignete Gütekriterien abzuleiten.

2.6 Methodik und Entwicklung einer Mitarbeiterbefragung

Entscheidend für sozialwissenschaftliches Vorgehen ist eine systematische Methodik, nach der sowohl das Messinstrument selbst als auch der gesamte Befragungsprozess aufgebaut sind. Daten der Einzelpersonen werden zu Statistiken verdichtet, die Trendaussagen ermöglichen und auf diese Weise zur Zielerreichung und Verbesserung in der Organisation beitragen. Dem entgegen stehen eine Vielzahl von organisatorischen Faktoren und Rahmenbedingungen, die es zu berücksichtigen gilt und die die umsetzbare Form der Mitarbeiterbefragung erheblich einschränken können. Daher benötigt jede Umsetzung einer Mitarbeiterbefragung eine ausführliche Strategie, die die Besonderheiten und Herausforderungen jeder Projektphase berücksichtigt. Ein besonders bewährtes Modell der Planung für Mitarbeiterbefragungen ist der *Stufenplan* der *Projektgruppe Mitarbeiterbefragungen*[10] (Bien 1995: 30ff.).

---

[8] *Objektivität* ist das Maß für die Unabhängigkeit der Messung von äußeren Umständen, beispielsweise der Untersuchungssituation oder den durchführenden Personen. Ein Evaluationsinstrument muss Sachverhalte robust gegenüber den äußeren Bedingungen erfassen und jeweils zu gleichen Bewertungen kommen.

[9] *Validität* beschreibt die Gültigkeit einer Messung. Das Evaluationsinstrument muss tatsächlich den Sachverhalt erfassen, der erfasst werden soll. Dazu muss das richtige Instrument zur Messung ausgewählt oder konstruiert werden. Idealerweise sollten die Ergebnisse stimmig durch eine Theorie oder ein Modell beschrieben werden können.

[10] Die „Projektgruppe Mitarbeiterbefragung" wurde 1978 unter Stellvertretung der Deutschen Bertelsmann AG durch die Firmen BASF AG, Bertelsmann AG, Deutsche Shell AG, Esso AG, IBM Deutschland GmbH, Karstadt AG, F. Pieroth Weingut Weinkellerei GmbH, Vorwerk & Co., Vereinigte Schmirgel- und Maschinenfabriken AG und dem Institut für Personalwesen und Arbeitswissenschaften an der Hochschule der Bundeswehr in Hamburg gegründet. Im Oktober 1980 legte diese Projektgruppe ihren Bericht „Die Mitarbeiterbefragung. Baustein einer zeitgemäßen Unternehmensführung" vor, der allgemeine Ausführungen über die Ziele und Formen von Mitarbeiterbefragungen sowie einen Standardfragebogen enthielt, der als einheitlicher Fragebogen, kostengünstig in verschiedenen Unternehmen eingesetzt werden sollte, um methodische Standards und Vergleichbarkeit der Ergebnisse zu garantieren (Projektgruppe-Mitarbeiterbefragung 1980).

Abbildung 2.4: Phasen der Mitarbeiterbefragung.

1 • Vorbereitungsphase

2 • Planungsphase

3 • Realisierungsphase

4 • Auswertungsphase

5 • Strategiephase

6 • Zielphase

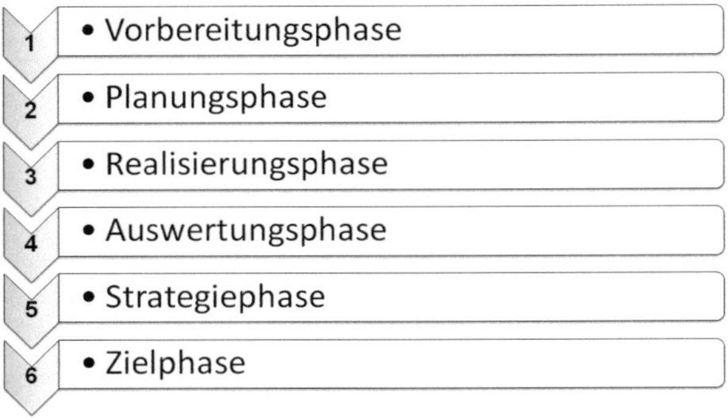

Quelle: Bien 1995: 30ff.; eigene Anpassung.

2.6.1 Vorbereitungsphase

Die erste Stufe ist die *Vorbereitungsphase*. Zunächst ist die Notwendigkeit für die Mitarbeiterbefragung zu erkennen. Damit einher geht die Definition von Zielen, die mit der Mitarbeiterbefragung verfolgt werden. Initiatoren für Mitarbeiterbefragungen sind zumeist die Geschäftsleitung oder die Mitarbeitervertretungen innerhalb der Organisation. In jedem Fall ist es sinnvoll, beide Parteien in die Projektplanung mit einzubeziehen, da einerseits Rechtansprüche, Informations- und Zustimmungspflichten bestehen, (Bien 1995; Böhm 1997) andererseits erfordert die erfolgreiche Umsetzung einer Mitarbeiterbefragung unbedingten Rückhalt bei allen Parteien und Beteiligten innerhalb der Organisation. Ängste, Widerstand oder eine mangelnde Bereitschaft einer Partei führen zu geringen Rücklaufquoten sowie schlechter Datenqualität und damit zum Scheitern des gesamten Befragungsprojektes. Aus diesem Grund sollten insbesondere die Mitarbeiter der Organisation über Vorhaben und Planungen informiert werden und bereits in dieser ersten Phase in einen Kommunikationsprozess hinsichtlich Zweck und Zielen der Mitarbeiterbefragung überführt werden.

Ist die Durchführung der Mitarbeiterbefragung mit den entsprechenden Verantwortlichen im Unternehmen abgestimmt, muss geklärt werden, ob die Befragung unternehmensintern, durch eine eigene Projektgruppe durchgeführt werden sollte oder ob externe Personen also spezielle Befragungsunternehmen, privatwirtschaftliche oder universitäre Forschungsinstitute damit beauftragt werden sollen.

Die zu erwartende Objektivität ist durch externe Berater in der Regel höher einzuschätzen, da diese die Organisationsstrukturen unabhängiger und distanzierter betrachten können als interne Arbeitsgruppen, die vom Organisationserfolg direkt abhängig sind. Lauterburg (1995: 156) spricht sogar davon, dass eine ausreichende Objektivität sowie Neutralität und Professionalität letztlich nur durch eine externe Durchführung gewährleistet werden könne. In jedem Fall schützt eine Außensicht vor häufig ungewollten Problemen wie Betriebsblindheit und ermöglicht gezielt die Aufdeckung von desolaten Organisationsstrukturen, die intern auf Grund perspektivischer Einschränkung nicht oder nur schwer erkannt werden können. Böttcher, Holtappels & Brohm (2006: 12) sprechen von „blinden Flecken" der eigenen Organisation, die nur durch Fremdevaluation also externe Überprüfung erkannt werden können.[11] Darüber hinaus verfügen externe Institute in der Regel über die erforderlichen sozialwissenschaftlichen Methodenkenntnisse (Comelli 1997: 42) und umfassende Erfahrungen in diesem Bereich, die sich in einer zügigen und damit kostengünstigen Umsetzung des Projektes niederschlagen. (Neugebauer 2003: 10)

Die Distanz zur Organisation der externen Berater kann aber auch nachteilig für eine erfolgreiche Entwicklung und Umsetzung von Mitarbeiterbefragungen sein, wenn entscheidende Informationen und Kenntnisse der bestehenden Unternehmensstruktur fehlen. Gerade bei großen Organisationen und Verbänden sind es häufig spezifische Probleme in der bestehenden Sozial- und Kommunikationsstruktur, die einerseits der Grund für die Einführung der Mitarbeiterbefragung selbst darstellen, andererseits aber auch deren Erfolg in erheblichem Maße gefährden können. Mit entsprechender Kenntnis dieser Strukturen und Probleme wird es eventuell erst möglich, eine erfolgreiche organisationsspezifische Umsetzungsstrategie zu entwickeln und die Mitarbeiterbefragung auf die konkreten Probleme „an der Front" auszurichten. (Neugebauer 2003: 10; vergleiche auch Domsch & Siemers 1995: 43) Die interne Durchführung kann

---

[11] Diese Sichtweise wird von einer Vielzahl von Autoren geteilt, vergleiche hierzu die Ausführungen zur Evaluationsforschung von Reinhard Stockmann 2006: 27ff. im selben Band sowie Caspari 2004: 30ff. Speziell zur Umsetzung von Mitarbeiterbefragungen geben Bien 1995: 30ff.; Comelli 1997; Ganserer & Große-Peclum 1995: 107f.; sowie Borg 2000: 65ff. eine kritische Übersicht.

sich somit positiv auf die Rücklaufquote der Befragung auswirken, da die Mitarbeiter sich und ihre spezifischen Problemfelder in der Mitarbeiterbefragung wiederfinden. Dem entgegen steht die Gefahr, dass die Anonymität des Projektes von den Mitarbeitern in Frage gestellt wird und dadurch die Beteiligungsbereitschaft sinkt oder die Datenqualität durch unehrliches Antwortverhalten leidet.

Hinsichtlich der Kosten ist weder das externe noch das interne Verfahren eindeutig zu bevorzugen, lediglich die Kalkulation ist bei Abgabe des Auftrags an einen externen Dienstleister einfacher. Bei der internen Durchführung von Mitarbeiterbefragungen entstehen Kosten durch die Bindung eigener Mitarbeiter am Projekt. Da hierfür qualifiziertes Personal erforderlich ist und ebenfalls das Management mit eingebunden werden muss, sind die entstehenden Personalkosten – je nach Projektumfang – unter Umständen beträchtlich. Unabhängig für welches Verfahren man sich jedoch entscheidet ist die Koordination und Steuerung der Mitarbeiterbefragung durch eine interne Projekt- oder Arbeitsgruppe, die das Management und die Mitarbeitervertretung miteinbezieht, unbedingt erforderlich und von strategischer Bedeutung (Bien 1995: 32). Dies lässt den Schluss zu, dass bei vorhandener Qualifikation des Personals innerhalb der Organisation über eine interne Entwicklung und Realisierung der Mitarbeiterbefragung, gestützt durch eine kritische Reflektion der angesprochenen Nachteile, nachgedacht werden sollte. Ideal wäre schließlich die Kooperation einer qualifizierten internen Arbeitsgruppe, zusammen mit einem externen Forschungsinstitut. Die Planung und Positionierung der Mitarbeiterbefragung sowie die Gestaltung der Folgeprozesse geschieht dann intern. Das externe Institut führt lediglich die Befragung und Analyse durch und fungiert als Berater in methodischen Fragen.

2.6.2 Planungsphase

Nach der Entscheidung wer die Mitarbeiterbefragung durchführen soll, folgt die Planungsphase. In dieser zweiten Phase ist die Befragung selbst vorzubereiten. Problemfelder werden definieren und der Fragebogen entwickelt. Die Mitarbeiterbefragung sollte innerhalb der Organisation progressiv vorgestellt und beworben werden. Hierzu ist eine spezifische, zielgruppenorientierte Marketingstrategie zu entwickeln, die zu einer guten Positionierung bei den Mitarbeitern führt (Borg 2000: 35ff. und 65ff.). Gegenüber dem Management müssen Projektplan, Zeitplanung sowie personelle und finanzielle Ressourcen gerechtfertigt werden. Transparenz ist oberstes Gebot.

Die Fragebogenkonstruktion stellt die größten Ansprüche an die Qualifikation der Projektgruppe. Nur durch entsprechendes Know-How sozialwissenschaftlicher Forschungsmethodik lassen sich geeignete Befragungsinstrumente zur Problemanalyse entwickeln. Die Entwicklung eines Mitarbeiterfragebogens als präzises Messinstrument sollte immer von Experten, zumindest aber in Zusammenarbeit mit diesen, unternommen werden.

Die Gestaltung des Fragebogens hat nicht nur Einfluss auf die spätere Datenqualität, sondern auch einen entscheidenden Anteil daran, in wie weit die Mitarbeiter bereit sind, an der Befragung teilzunehmen. Hier entscheidet der erste Eindruck über Seriosität und Bedeutung der Befragung. Ein ästhetisches Layout sollte ebenso wie eine gute Übersichtlichkeit berücksichtigt werden. Jede Befragung ist mit einem Deckblatt zu versehen, dass eine kurze Einleitung mit Hinweisen auf die Funktion und Durchführung der Befragung enthält und das empfindliche Thema der Anonymität beziehungsweise der Vertraulichkeit[12] anspricht.

Daraufhin müssen die Problem- und Analysefelder der Organisation bestimmt und zu den einzelnen Bereichen entsprechende Fragen, so genannte Items[13], formuliert werden. Bereits bei der Formulierung der Fragen sind entscheidende Regeln zu beachten. Schlecht formulierte Fragen, die von den Befragten nicht richtig verstanden werden, führen zwangsläufig zu einer schlechten Datenqualität, die sich später durch keine Form der Datenanalyse verbessern lässt. Porst (2000: 2) hat sich im Auftrag des damaligen *Zentrums für Umfragen, Methoden und Analysen* (ZUMA), mit diesem Thema auseinandergesetzt und „zehn Gebote" der Frageformulierung allgemeiner Umfragen erarbeitet. Demnach ist

---

[12] Keine Befragung, ob intern oder extern durchgeführt, kann eine hundertprozentige Anonymität gewährleisten (Jesske-Müller 1995: 75). Hier erscheint es ehrlicher, im Sinne des Datenschutzes absolute Vertraulichkeit zuzusichern. Dazu gehört zum Beispiel die Regelung der Vernichtung, Archivierung und des entsprechenden Zugriffs auf Fragebögen und EDV-erfasste Daten sowie die Verweigerung der Analyse von Organisationsgruppen, die nur eine geringe Zahl an Mitarbeitern enthalten, um Rückschlüsse auf Einzelpersonen durch Zuordnung demographischer Daten auszuschließen.

[13] Mit einem Item wird in der Testtheorie eine eindeutige Frage bezeichnet, die in vorgegebener Weise offen oder geschlossen beantwortet werden kann und so zu einer beobachtbaren Variable wird (Bühner 2004: 16).

bei der Formulierung von Fragebogen-Fragen besonders auf die Verwendung von

a) einfachen, unzweideutigen Begriffen, die von allen Befragten in möglichst gleicher Weise verstanden werden,
b) Fragen mit einem eindeutigen zeitlichen Bezug und
c) Antwortkategorien, die vollständig und überschneidungsfrei (disjunktiv)
   gehalten sind

zu achten. Dagegen sollten

d) lange und komplexe Fragen,
e) hypothetische Fragen,
f) Fragen mit doppelten Stimuli oder doppelter Verneinung,
g) Unterstellungen und Suggestivfragen oder
h) Fragen, die ein Großteil der Befragten wahrscheinlich nicht beantworten
   kann

vermieden werden.

Es sollte ferner darauf geachtet werden, dass

i) der Kontext einer Frage sich möglichst nicht auf deren Beantwortung
   auswirkt und
j) unklare Begriffe, falls nicht vermeidbar, definiert werden.

Unter Berücksichtigung der Ausführungen von Borg (2000: 79ff.), gelten zusätzlich bei der Fragekonstruktion von Mitarbeiterbefragungen folgende Regeln:

k) Die Items sollten von allen Mitarbeitern beantwortbar sein und für die
   Befragungsziele relevant sein,
l) die Items sollten nicht allzu konkret und eingeengt und nicht allzu extrem
   sein,
m) die Antwortskala sollte nicht ständig wechseln
n) die Items sollten modische Ausdrucksweisen oder Slang vermeiden, und
   möglichst die Sprache der Organisation verwenden,
o) es sollten keine allzu persönlichen oder privaten Sachverhalte abgefragt
   werden,

p) es sollten keine übertriebenen Hoffnungen der Mitarbeiter auf Verbesserungen oder neue Entwicklungen geweckt werden, sondern eher Handlungsbezug haben,

q) der Fokus sollte auf der befragten Person nicht auf allgemeinen Aussagen liegen (besser „Ich denke …" als „Man sollte …") und

r) es sollten möglichst positive Formulierungen verwendet und nicht ständig danach gefragt werden, was schlecht ist.

Jürgen Ganserer und Karl-Heinz Große-Peclum (1995: 108) bringen es auf den Punkt indem sie schreiben:

> „Verständlichkeit und subjektiv empfundene Angemessenheit sind die Haupterfordernisse, die der Fragebogen erfüllen muss. Versteckte Intentionen bei der Fragestellung sind zu vermeiden, Transparenz ist oberstes Gebot. Bei der Entwicklung eines praxisgerechten Fragebogens geht es nicht primär darum, ein abstraktes hypothetisches Konstrukt zu messen. Vielmehr hat das Projektteam die Aufgabe, die Befragung an die Verhältnisse der [Organisation] anzupassen, indem es einen Fragenpool zur Beschreibung möglichst aller beeinflussbarer Parameter der Arbeitssituation zusammenstellt.
>
> Der Fragebogen muss die Möglichkeit bieten, auf Spurensuche zu gehen, wenn negative Bewertungen vorliegen. Die inhaltliche tiefe der Bearbeitung einzelner Themen ist ein Balanceakt zwischen der Gefahr der Überbeanspruchung der Befragten durch einen zu umfangreichen Fragebogen und dem eventuellen Mangel an konkreten Hinweisen für die Verbesserung von Mängeln in der Zusammenarbeit."

Auch wenn man typische Fehler bei der Frageformulierung durch Beachtung dieser Regeln vermeiden kann, bleibt das Problem der Themenfindung in Form der Problem- und Analysefelder, die die Mitarbeiterbefragung abdecken soll. Auf der einen Seite ist auf eine gewisse Vollständigkeit zu achten, auf der anderen Seite aber die Länge des Fragebogens und damit die Anforderungen an die Motivation der Mitarbeiter zu berücksichtigen. Zu lange Fragebögen werden demotivierend wirken und dadurch eine geringe Rücklaufquote erzeugen. Zu kurze Fragebögen liefern eventuell nicht genügen Informationen für die spätere Analyse, aus der Handlungs- und Entwicklungsziele abgeleitet werden sollen und deren Umsetzung in der Organisation Vertrauen in zukünftige Mitarbeiterbefragungen schaffen soll.

Eine klassische Grundlage zur Themenfindung liefert die Arbeitszufriedenheitsforschung (Neuberger & Allerbeck 1978; Fischer 2006a), die sich in den
Ergebnissen der *Projektgruppe Mitarbeiterbefragung* (Projektgruppe-
Mitarbeiterbefragung 1980) niederschlägt und bis heute in Standardfragebögen
von Mitarbeiterbefragungen Verwendung findet (vgl. Tabelle 2.1).

Tabelle 2.1: Inhalte und Themen von Mitarbeiterbefragungen.

Nr	Kernbereiche	Fragen zum Kernbereich
1	Tätigkeit / Arbeitsorganisation	• Arbeitsbereich • Art der Tätigkeit • Art der Arbeitsorganisation • Arbeitsbelastung • Eigene Veränderungsvorschläge
2	Arbeitsbedingungen	• Umweltbedingungen (Klima, Beleuchtung, Lärm) • Arbeitsplatzgestaltung • Eigene Veränderungsvorschläge
3	Entgelt- und Sozialleistungen	• Höhe des Entgelts im Vergleich zur Leistung, zu Kollegen, zu anderen Unternehmen • Bedeutung der zusätzlichen Sozialleistungen • Veränderungsvorschläge zu einzelnen Sozialleistungen
4	Kommunikation / Information	• Information über das Gesamtunternehmen • Information über die Arbeit i. e. S. • Informationsquellen, -medien, -wege • Gewünschte Zusatzinformationen / veränderte Informationswege • Eigene Veränderungsvorschläge
5	Zusammenarbeit	• Zusammenarbeit mit den unmittelbaren Kollegen • Zusammenarbeit mit anderen Abteilungen / internen Dienstleistern • Zusammenarbeit mit Gesamtunternehmen • Eigene Veränderungsvorschläge
6	Möglichkeit zur Umsetzung eigener Leistungsfähigkeit und Leistungsbereitschaft	• Eignungs- und neigungsadäquater Arbeitsplatz • Entfaltungsmöglichkeiten • Wichtigkeit der Arbeit • Eigene Veränderungsvorschläge
7	Weiterbildung / Entwicklungsmöglichkeiten	• Weiterbildungsangebot • Möglichkeiten der Nutzung • Schwierigkeiten bei der Nutzung • Möglichkeiten und Hindernisse des Aufstiegs • Eigene Veränderungsvorschläge
8	Vorgesetztenverhalten / Beziehung zum Vorgesetzten	• Fachliche Fähigkeiten des Vorgesetzten, Informationsverhalten, Motivation, Berücksichtigung der eigenen Meinung, Gerechtigkeit, Hilfe bei beruflichen und privaten Schwierigkeiten • Eigene Veränderungsvorschläge

9	**Unternehmen**	<ul><li>Einschätzung der Sicherheit des eigenen Arbeitsplatzes / der Beschäftigung im Unternehmen</li><li>Gesamtzufriedenheit mit der Arbeit beim Unternehmen</li><li>Allgemeinen Ansehen des Unternehmens, beim Befragten, beim Kunden, in der Gesellschaft</li><li>Eigene Veränderungsvorschläge</li></ul>
10	**Statistik**	<ul><li>Alter, Geschlecht, Betriebszugehörigkeit, Einkommensform, Einkommenshöhe, Arbeitszeitform</li><li>Mitarbeitergruppe / Hierarchieebene</li></ul>

Quelle: Domsch & Ladwig 2006: 9f.; eigene Anpassung.

Die dargestellten Kernbereiche beziehen sich auf die typische Arbeitsstruktur privatwirtschaftlicher Unternehmen. Für spezielle Organisationsformen sind diese klassischen Themen- und Kernbereiche nicht mehr vollständig oder treten zum Teil in den Hintergrund. Durch eine starke Psychologisierung der Arbeitswelt, dem zunehmenden Verschwinden der Grenzen zwischen Arbeitszeit und Freizeit sowie der (Neu-)Entdeckung der *Ressource Mensch* werden andere Themen für die Organisationsentwicklung entscheidend (vgl. Borg 2000: 79ff. für eine ausführliche Übersicht). Beispielsweise beschreibt Bien (1995: 51ff.) die Analysefelder *Information*, *Kommunikation*, *Qualifikation*, *Führungsverhalten* und *Identifikation* als die Zieldeterminanten von Mitarbeiterbefragungen in sozialen Organisationen.

Wirklich sinnvoll lässt sich die Frage nach relevanten Problem- und Analysefeldern der eigenen Organisation wahrscheinlich nur aus der Sicht der Mitarbeiter beantworten. Auch wenn eine mitarbeiterorientiere Herangehensweise kein Garant für inhaltliche Vollständigkeit sein kann, so ist ein enger Dialog mit den Mitarbeitern bei der Themenwahl ein vielversprechender Weg, um das größtmögliche Interesse an der Mitarbeiterbefragung und damit eine hohe Beteiligung zu erreichen. Dieser Faktor ist von erheblicher Bedeutung, denn während der Planungsphase wird die Akzeptanz der Mitarbeiterbefragung zu einem erfolgsentscheidenden Gütekriterium (vgl. Kapitel 2.7).

2.6.3 Realisierungsphase

Der Planungsphase folgt schließlich die Realisierungsphase, in der die Umsetzung und Durchführung der eigentlichen Befragung ansteht. An dieser Stelle zeigt sich der Erfolg einer akribischen Vorbereitungs- und Planungsphase anhand der Beteiligung an der Befragung, d.h. einer hohen Rücklaufquote. Bevor jedoch die eigentliche Befragung starten kann ist es ratsam, einen Testdurchlauf mit einer kleinen Gruppe von Mitarbeitern durchzuführen. Durch einen solchen *Pre-Test* können eventuelle Mängel am Fragebogen oder der Durchführungsstrategie aufgedeckt werden. Unverständlich formulierte Fragen oder auftretende praktische Probleme, können so noch angepasst und ausgebessert werden. Für den *Pre-Test* sollten möglichst gleiche Bedingungen wie für die tatsächliche Befragung herrschen und die Gruppe der Befragten sollte weitgehend der späteren Zielgruppe entsprechen, um eine gute Simulation zu ermöglichen.

Die eigentliche Hauptbefragung beginnt mit einer ausführlichen Information der Mitarbeiter, in denen das Verfahren erklärt wird, und die einzelnen Durchführungsschritte vorgestellt werden. Außerdem ist es sinnvoll, bereits zu diesem Zeitpunkt den Zeitraum und die Fristen der Befragung zu nennen sowie Form und Termine der Auswertungs- und Feedbackveranstaltungen bekannt zu geben.

Für die Durchführung der Mitarbeiterbefragung in der Organisation bieten sich – je nach Organisationsstruktur – verschiedene Verfahren an. Die für viele Befragungen typische und gleichzeitig bekannteste Form ist die *Brief-Wahl-Methode*. Dabei erhalten die Mitarbeiter den Fragebogen per Post oder per Rundschreiben und senden diesen auf dem gleichen Weg zurück. Erfolgsentscheidend ist die möglichst einfache Handhabung der Rücksendung. Der Befragung sollte ein adressierter und ausreichend frankierter Umschlag beiliegen. Zusätzlich sollten die Mitarbeiter die Möglichkeit haben, den Fragebogen in der Organisation über eine aufgestellte Urne abzugeben.

Oft problematisch bei dieser Methode ist die Kontrolle des Befragungsablaufs während der Erhebungsphase. Die durchführende Projektgruppe kann lediglich eine Frist setzen, bis wann die Fragebögen zurückgegeben werden sollen und während dieser Zeit gelegentlich an die Abgabe erinnern. Alles Weitere bleibt den Mitarbeitern selbst überlassen. Um Doppelabgaben zu vermeiden, ist der Ersatz verloren gegangener Fragebögen nicht unbedingt möglich. Aber selbst dadurch kann nicht sicher ausgeschlossen werden, dass die Bögen von unbeteiligten Personen oder gar von einer einzigen Person für mehrere Mitarbeiter ausgefüllt werden (Bien 1995: 72).

Gerade bei langen Erhebungszeiträumen wird der zugestellte Fragebogen auch gern erstmal zur späteren Bearbeitung an die Seite gelegt und später schlichtweg vergessen. Bei der Festlegung der Fristen und Wahl des Erhebungszeitraumes erscheint es daher sinnvoll, einen möglichst kurzen Zeitraum zu wählen, um eine direkte Bearbeitung anzuregen. Bei einer zu geringen Rücklaufquote kann die Frist dann gegebenenfalls verlängert werden.

Eine andere Durchführungsmöglichkeit stellt die *Wahllokal-Methode* dar (a.a.O.: 71f.). Entsprechend des üblichen Verfahrens bei allgemeinen politischen Wahlen wird dabei eine Art Wahllokal innerhalb der Organisation eingerichtet. Dies kann einfach ein Raum sein, in dem die Mitarbeiter den Fragebogen ausfüllen können. Ähnlich der Wahlhelfer bei der politischen Wahl, betreut die Projektgruppe den Rücklauf der Befragung.

Die Vorteile dieser Methode liegen erfahrungsgemäß in einer sehr zügigen Abwicklung der Befragung innerhalb weniger Tage, bei gleichzeitig hohen Rücklaufquoten (a.a.O.: 72). Allerdings ist dieses Verfahren nur in solchen Organisationen sinnvoll durchzuführen, in denen alle Mitarbeiter regelmäßig im entsprechenden Dienstgebäude anwesend sind. Ist die Öffnung des „Wahllokals" über mehrere Schichten erforderlich, bindet diese Methode außerdem viel Personal zur Betreuung der Befragung.

Unter Umständen kann eine Kombination beider Durchführungsmethoden sinnvoll sein. Mitarbeiter, die zum Befragungszeitraum erkranken oder im Urlaub sind, müssen angeschrieben werden und die Möglichkeit erhalten per „Brief-Wahl" an der Mitarbeiterbefragung teilzunehmen. Ebenso solche, die sich nicht regelmäßig im Dienstgebäude befinden, weil sie beispielsweise im Außendienst tätig sind, es sich um freie Mitarbeiter handelt oder diese über Heimarbeitsplätze verfügen.

Eine dritte Methode, die eine zunehmende Umsetzung findet ist die Onlinebefragung. Neben den Vorteilen geringer Kosten und schneller Datengewinnung, gerade in großen Organisationen, muss man sich jedoch auch den spezifischen

Problemen dieser Befragungsmethodik bewusst werden. Zum einen sind Teilnahmevoraussetzungen wie ein bestehender Computerarbeitsplatz respektive Online-Zugang und die erforderlichen EDV-Kenntnisse abzuklären, zum andern gibt es mitunter erhebliche testtheoretische Probleme. Papier-Fragebögen einfach online umgesetzt, erzielen in der Regel keine vergleichbaren Ergebnisse. Mertens (2006) stellt das Konzept und die Durchführung einer umfangreichen Onlinebefragung bei der Firma Siemens vor und weist dabei auf spezifische Vor- und Nachteile dieser Methode hin. Klink (2002) hingegen befasst sich intensiv mit der Frage, ob und in wie weit „das Medium der Testbearbeitung die Testcharakteristika, die Testfairness oder das Erleben der Testsituation" beeinflusst. Eine Tabelle über die zahlreichen Vor- und Nachteile der drei Erhebungsverfahren findet sich bei Borg (2000: 178).

Neben der Frage der Durchführungsmethode ist zu entscheiden, wer genau und wie viele Mitarbeiter befragt werden sollen. Obwohl es Argumente für Stichprobenbefragungen[14] gibt, ist das Ziel einer nachhaltigen Organisationsentwicklung durch Mitarbeiterbefragungen meines Erachtens nur mit einer Vollbefragung zu vereinbaren. Allein die Wiederholung und regelmäßige Durchführung der Mitarbeiterbefragung erfordert eine Vollbefragung (Borg 2000: 61). Auch Nieder (1995: 233) plädiert für die Vollbefragung und betont die Unzufriedenheit und Frustration, die durch die methodische Selektion der Mitarbeiter bei Teilbefragungen entstehen können.

Dennoch stellt sich ebenso bei Vollbefragungen das Stichprobenproblem, weil nicht damit zu rechnen ist, dass alle Teilnahmeberechtigten einen Fragebogen ausfüllen. Mit Gruppenerhebungsverfahren wie der *Wahllokal-Methode* sind bestenfalls Rücklaufquoten von über 90% zu erreichen; *Brief-Wahl-Verfahren* erzielen dagegen erfahrungsgemäß Rücklaufquoten von 50-75% (Borg 2000: 179). Bungard (2005) hält einen Rücklauf von 50% bei Mitarbeiterbefragungen für akzeptabel. Darunter rät er, die Ergebnisse „mit Vorsicht zu interpretieren" (a.a.O.). Ab welcher Höhe der Beteiligung an einer Mitarbeiterbefragung deren Ergebnisse zufriedenstellend interpretiert werden können ist

---

[14] Eine ausführliche Diskussion über die Definition der Grundgesamtheit bei Mitarbeiterbefragungen und die entsprechenden Vor- und Nachteile von Teil- und Vollbefragungen liefert (Neugebauer 2003: 12ff.) sowie (Borg 2000: 60ff.). Beide weisen auf die weniger methodischen, aber psychologischen Argumentationsprobleme hin, die sich bei Stichproblembefragungen ergeben.

prinzipiell eine Frage der Repräsentativität. Wenn sich die Verweigerer (*Non-Respondents*) lediglich durch Zufall von den Teilnehmern (*Respondents*) unterscheiden und der Rücklauf alle relevanten Merkmale[15] im gleichen Verhältnis enthält, wie sie im Gesamtunternehmen vertreten sind, können die Befragungsergebnisse trotz kleiner Stichproben durchaus repräsentativ für das Gesamtunternehmen sein. In der Regel weichen *Non-Respondents* allerdings nicht zufällig sondern systematisch von *Respondents* ab, was zu entsprechenden Problemen der Datenqualität führt (Goyder 1987). Borg (2000: 146) rät dazu, *Non-Response-Probleme* nicht durch nachträgliche Datengewichtung oder andere „Tricks" zu nivellieren, sondern kritisch zu thematisieren. Darüber hinaus kommt er zu dem Schluss, dass es „keine Alternative zu einer hohen Beteiligungsquote" gibt (a.a.O.).

Um die Beteiligungsquote entsprechend zu steigern, wurde bereits die Bedeutung der Positionierung hervorgehoben. Die Mitarbeiter müssen vom Nutzen der Mitarbeiterbefragung überzeugt werden. Neben einer klaren und umfassenden Information, können zur Motivierung zusätzlich Incentives eingesetzt werden (a.a.O.: 181). Angemessen erscheint bisweilen die Verknüpfung der Befragung mit kleinen Gewinnspielen. Zugunsten der Datenqualität müssen solche Maßnahmen aber unbedingt die Vertraulichkeit bedenken und dürfen nicht der primäre Antrieb zur Teilnahme werden. Vor der Befragung ist ein motivierendes Schreiben von der Geschäftsleitung an alle Mitarbeiter ebenso wichtig, wie das mehrmalige Nachfassen und Erinnern während der Erhebungsphase (a.a.O.: 182f.).

2.6.4 Auswertungsphase

Nach Durchführung der Befragung müssen die erhobenen Daten verarbeitet, aufbereitet, analysiert und ausgewertet werden.

---

[15] Jede Schätzung der Repräsentativität erfolgt durch Merkmale, von denen, je nach Verhältnis, eine systematische Auswirkung auf die Ergebnisse erwartet wird. Prinzipiell setzt das eine bewährte Theorie über Zusammenhänge und Einflüsse solcher Merkmale auf die erfassten Daten voraus. Eine solche Theorie ist allerdings in den seltensten Fällen vorhanden, stattdessen werden typischerweise Standardmerkmale wie Geschlecht, Lebensalter, Bildung oder sozialer Status verwendet, die eher intuitiv geeignet erscheinen.

Abbildung 2.5: Einzelschritte des Datenmanagements und deren Zielsetzungen.

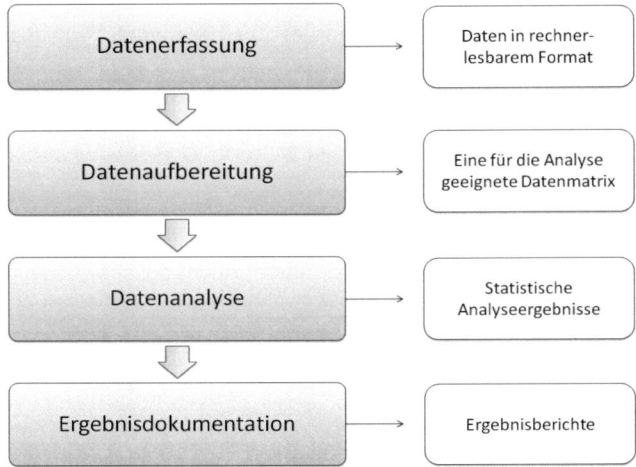

Quelle: Trost 1997: 149; eigene Anpassung.

Zunächst werden die Fragebögen elektronisch erfasst.[16] Dieses Verfahren nennt man Codierung, da die Antworten der Mitarbeiter auf die einzelnen Fragen des Fragebogens in numerische Daten übersetzt werden (Jesske-Müller 1995: 73). Ziel ist es, die Informationen aus jedem Fragebogen möglichst verlustfrei in einen Datensatz zu übertragen.

Bei *geschlossenen Fragen*[17] wird für jede Antwortkategorie ein Zahlencode festgelegt. Die Zuweisung der Zahlencodes ist willkürlich[18] und muss daher in

---

[16] Die Dateneingabe selbst kann sowohl automatisiert durch entsprechende Lesesysteme als auch manuell erfolgen. Die automatische Datenerfassung erfordert die Anschaffung entsprechender Textscanner, Software und die Verwendung einlesbarer Fragebögen. Gegenüber der manuellen Dateneingabe besteht der Hauptvorteil dieser Methode in einer schnellen Verarbeitung bei gleichzeitig geringer Fehlerzahl. Bei kleinen Fragebogenmengen ist eine manuelle Eingabe durchaus genauso effizient (Trost 1997: 153), vor allem wenn eine, dem Fragebogen angepasste Eingabemaske zur Dateneingabe verwendet wird (Jesske-Müller 1995: 80).

[17] Für Mitarbeiterbefragungen bieten sich in der Regel geschlossene Fragen an, also solche, die mit Hilfe einer vorgegebenen Auswahl an Antwortmöglichkeiten, einer so genannten Skala, beantwortet werden. Eine typische Skala, die auch in der vorgestellten Mitarbeiterbefragung Anwendung findet, ist die fünfstufige Ratingskala. Diese Skala enthält eine nach ihrer Wertigkeit sortierte Abfolge von Antwortmöglichkeiten auf eine spezifische Frage, von „trifft voll zu" oder „stimme voll und ganz zu" bis hin zu „trifft gar nicht zu" oder „stimme überhaupt nicht zu". Auf Grund der fünf Stufen enthält sie einen neutralen mittleren Bereich, der mit „teils/teils" oder „weiß nicht" beschrieben ist. Für eine umfassende Diskussion der Item und Skalenkonstruktion siehe beispielsweise Rost 1996 und Bühner 2004; speziell zum Thema Mitarbeiterbefragungen dazu Borg 2000: 79ff.

einem Codeplan festgehalten werden (a.a.O.: 77). Wird jede Frage und jeder Fragebogen auf diese Weise erfasst, ergibt sich eine entsprechende Datenmatrix als elektronischer Datensatz, in dem die gesamte Befragung zusammengefasst ist. Mit aktuellen Statistikprogrammen lassen sich solche Datensätze leicht erstellen und die Form der Codierung jederzeit nachvollziehen.

Tabelle 2.2: Typischer Aufbau einer Datenmatrix mit Beispielwerten.

	Item1	Item2	Item3	usw.
Fragebogen1	2	3	1	…
Fragebogen2	99	4	3	…
Fragebogen3	2	2	5	…
usw.	…	…	…	…

Quelle: eigene Darstellung.

Problematisch ist die Codierung *offener Fragen*[19]. Hier können Antworten nicht ohne weiteres in numerische Werte übertragen werden. Neben einer qualitativen Übersicht kann man frei formulierte Antworten anhand von Schlagworten[20] kategorisieren und die einzelnen Kategorien dann über Zuweisung entsprechender Zahlencodes einer quantitativen Datenanalyse zugänglich machen (a.a.O.: 78f.).

Natürlich ist auch bei der Eingabe und Analyse unbedingt auf einen vertraulichen Umgang mit den Daten zu achten. In diesem Arbeitsschritt sollten möglichst wenige Personen eingebunden werden, die dann den ausschließlichen Zugriff auf den Datensatz besitzen. Nach der Dateneingabe und Endkontrolle sind die Fragebögen nach Möglichkeit zu vernichten. Ist eine Aufbewahrung auf

---

[18] Beispielsweise könnte bei einer fünf-stufigen Ratingskala ein Kreuz bei der Antwortkategorie „trifft voll zu" mit einer „1" codiert werden, ein Kreuz bei der Antwortkategorie „trifft überhaupt nicht zu" dagegen mit einer „5". Die dazwischen liegenden Antwortalternativen werden entsprechend mit „2", „3" und „4" codiert. Auch für Antworten auf geschlossene Fragen mit anderen Antwortkategorien werden entsprechende numerische Codes vergeben. So kann beispielsweise für die Angabe des Geschlechts eine „1" für „männlich" und eine „2" für „weiblich" stehen.

[19] Im Gegensatz zu geschlossenen Fragen enthalten offene Fragen keine vorgegebenen Antwortmöglichkeiten, die beispielsweise durch ankreuzen gewählt werden. Die Befragten schreiben ihre Antwort selbst formuliert – gleichsam offen – in den Fragebogen.

[20] Züll & Mohler (2001) beschreiben die computergestützte Methode der Inhaltsanalyse zur Codierung offener Fragen anhand eines Kategoriensystems. Bis heute liefern EDV-gestützte Text-Analyse-Systeme jedoch eher unbefriedigende Ergebnisse. Jeske-Müller (1995: 87) weist auf den erheblichen Entwicklungsbedarf bei der elektronischen Verarbeitung und Analyse, insbesondere großer qualitativer Datenmengen, hin.

Grund eventueller Nachweispflichten notwendig, sollten diese sicher und vor unbefugtem Zugriff geschützt aufbewahrt werden.

Liegen die Daten schließlich in elektronischer Form vor, können fehlerhafte Eingaben oder inkonsistente Fragebögen durch verschiedene Qualitätskontrollen und Plausibilitätsprüfungen identifiziert werden. Fragebögen, die beispielsweise zu viele fehlende Werte aufweisen oder bestimmte Plausibilitätsüberlegungen nicht bestehen, sollten von der weiteren Auswertung ausgeschlossen und der Datensatz auf diese Weise bereinigt werden. Borg (2000: 185f.) stellt verschiedene Probleme dieser recht umfangreichen „Detektivarbeit" dar.

Auftreten und Form fehlender Antworten auf einzelne Fragen – so genannte *Missings* – sollten bei der Dateneingabe ebenfalls unterschiedlich codiert werden. In der Regel kann differenziert werden, ob die Frage schlichtweg vergessen beziehungsweise übersehen wurde, aus irgendwelchen Gründen gar nicht zutreffend war oder die Beantwortung verweigert wurde (Jesske-Müller 1995: 82). Es kann ebenfalls vorkommen, dass Befragte aus Unwissenheit eine entsprechende Antwort nicht geben oder sich nicht entscheiden können („weiß nicht"). Darüber hinaus sind Antworten nicht immer eindeutig und fehlerfrei vom Fragebogen ablesbar und müssen für ungültig erklärt werden, weil beispielsweise zwei Antwortmöglichkeiten angekreuzt wurden, obwohl für die Frage keine Mehrfachantwort vorgesehen war. Eine spätere Analyse dieser Unterschiede kann wichtige Hinweise zu Schwierigkeiten und Problemen mit einzelnen Fragen liefern.

Ist der Datensatz erstellt, geprüft und bereinigt, steht die Hauptarbeit der Auswertungsphase in Form der Auswertung und Datenanalyse an. Unter Voraussetzung entsprechender Methodenkenntnisse können gängige Statistikprogramme eine Hilfestellung bei der Berechnung mathematisch-statistischer Prozeduren übernehmen. Jesske-Müller (1995: 84) gibt dabei zu bedenken:

> „Der Einzelne verantwortliche Projektleiter sollte sich nicht dem Irrglauben hingeben, daß grundsätzlich durch den Einsatz eines Computers die Gewißheit besteht, daß richtig gerechnet wird. Der Rechner kann nur die Aufgaben ausführen, die ihm vorgegeben werden. Die eigentliche Arbeit des Statistikers bzw. des Empirikers liegt darin, die richtigen Rechenoperationen auszuwählen und einzusetzen, um aus der Vielzahl von Daten relevante, aussagekräftige Informationen herauszuziehen. Es kommt sowohl darauf an, die richtigen statistischen Kennzahlen zu berechnen als auch gezielt für die jeweilig zu untersu-

chende Fragestellung bestimmte statistische Auswertungsverfahren auszuwählen."

„Dies ist m. E. nicht als Manko zu bewerten, sondern vielmehr ein Hinweis darauf, daß statistische Auswertungen dem geübten Fachmann überlassen werden sollten, insbesondere vor dem Hintergrund, daß eine statistische Auswertung interpretiert wird und eine Umsetzung bestimmter Maßnahmen nach sich zieht. Entscheidungen auf der Basis fehlerhafter Datenauswertungen können fatale Folgen haben und die Glaubwürdigkeit und Akzeptanz des Instruments der Mitarbeiterbefragung in Frage stellen."

Bei den Auswertungsverfahren können deskriptive und induktive Methoden unterschieden werden. Deskriptive Methoden dienen dazu, die Daten zu beschreiben. Hierzu werden beispielsweise Häufigkeitsauszählungen durchgeführt und zur Verdichtung der Daten geeignete Maße der zentralen Tendenz berechnet, die neben Tabellen mit Hilfe von Schaubildern und Diagrammen übersichtlich und anschaulich dargestellt werden können. Mit induktiven Methoden wird es dagegen möglich, eventuelle Zusammenhänge innerhalb der Datenstruktur und Wirkungen verschiedener Variablen zu erkennen und abzuschätzen. Auch Unterschiede zwischen einzelnen Mitarbeitergruppen oder Organisationseinheiten lassen sich nur sinnvoll durch komplexere statistische Verfahren wie Varianz- oder Regressionsanalysen erfassen. Außerdem wird es durch induktive Methoden möglich, mit Hilfe von Signifikanz-Tests, Aussagen über die statistische Sicherheit entdeckter Zusammenhänge oder Unterschiede zu treffen, die eine wichtige Voraussetzung für spätere Interpretationen und der Ableitung von Handlungsfeldern darstellen (a.a.O.: 86; Comelli 1997: 39f.).

Die Auswertungsphase endet immer mit der zielgruppenorientierten Rückspiegelung der Ergebnisse. Dies sollte sowohl in ausführlicher, schriftlicher Form für alle Mitarbeiter der Organisation als auch durch eine zusammenfassende Präsentation gegenüber der Geschäftsleitung geschehen. Die wichtigsten Merkmale einer überzeugenden Darstellung statistischer Daten sowie populäre Fehler beschreibt Walter Krämer (2001; 2002) auf kurzweilige Art. Borg (2000: 187ff. und 215ff.) stellt verschiedene Formen von Ergebnisberichten für Mitarbeiterbefragungen vor und macht Vorschläge zu deren Erstellung.

2.6.5 Feedback- und Strategiephase

Keinesfalls darf der Prozess der Mitarbeiterbefragung mit der Durchführung der Befragung und der Rückspiegelung der Ergebnisse beendet sein (Borg 2000: 205; Bien 1995: 33; Comelli 1997: 46). Erst an dieser Stelle beginnt der Prozess der Organisationsentwicklung. Aus den Ergebnissen der Mitarbeiterbefragung sind geeignete Problem- und Handlungsfelder abzuleiten und daraufhin konkrete Interventionsprogramme zu entwickelt, die zu einer Verbesserung und Weiterentwicklung der Organisationsstruktur führen sollen.

Abbildung 2.6: Der Top-Down-Bottom-Up-Ansatz der Feebackprozesse.

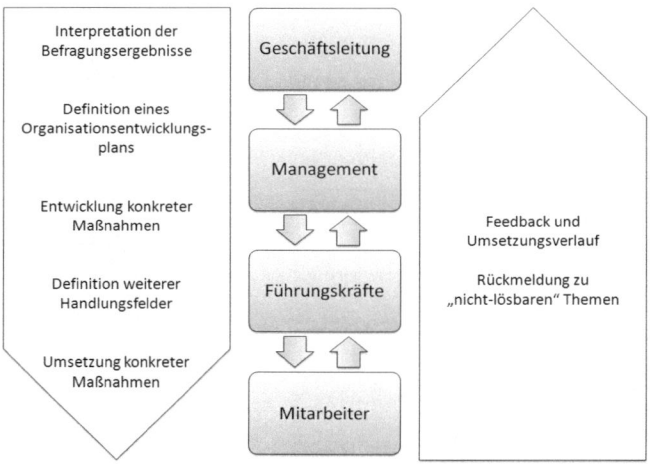

Quelle: Borg 2000: 206; eigene Anpassung.

Diese Arbeit kann bei der Geschäftsleitung beginnen, indem entsprechende Handlungsfelder vorgegeben werden, die dann auf dem Weg durch die Hierarchieebenen weiter ausgearbeitet und umgesetzt werden (*Top-Down*). Ebenso kann der Interventionsprozess an der Basis beginnen, indem die Mitarbeiter in Workshops und Feedbackseminaren spezielle Programm-vorschläge für ihre Tätigkeitsbereiche erarbeiten (*Bottom-Up*). Als besonders erfolgsversprechend gilt der *Top-Down-Bottom-Up-Ansatz,* der beide Formen der Maßnahmenplanung verbindet (Borg 2000: 206ff.). Dabei beginnt die Geschäftsleitung mit der Interpretation der Ergebnisse und definiert einen allgemeinen Organisationsentwicklungsplan. Die nachfolgenden Führungskräfte entwickeln im Rahmen dieses Plans konkrete Umsetzungsstrategien für ihre Ebene und formulieren Handlungsfelder für die nächste Ebene, bis hin zu den Mitarbeitern an der Basis. Gleichzeitig spielt jede Ebene regelmäßiges Feedback über Stand, Erfolg und Misserfolg der Umsetzung zurück, die wiederum von der Geschäftsleitung gesammelt und ausgewertet werden. Neben der Umsetzung konkreter Interventionen soll dadurch die Kommunikation zwischen den einzelnen Hierarchieebenen und unter den Mitarbeitern der Organisation angeregt werden (a.a.O.: 210).

2.6.6 Umsetzungs- und Zielphase

In der Zielphase werden die ausgearbeiteten Verbesserungsprogramme schließlich umgesetzt. In der Regel wird es einige Zeit dauern bis getroffene Maßnahmen ihre volle Wirkung in der Organisation entfalten. Manche Maßnahmen sind eventuell gar nicht wirksam oder haben sogar negative Effekte. Um dies zu erkennen und den Grad der Veränderung in der Organisation abschätzen zu können, ist es erforderlich, die durch die Mitarbeiterbefragung gewonnen Daten und Kennzahlen fortlaufend zu beobachten.

Die Mitarbeiterbefragung bekommt dadurch die Funktion ihrer eigenen Evaluation (Borg 2000: 214). Sicherlich wird es nicht möglich sein, im Sinne einer Programmevaluation, die Wirkungen einer konkreten Maßnahme isoliert zu bestimmen, da in der Regel mehrere verschiedene Maßnahmen und viele andere Einflussfaktoren in der Organisation wirken. Durch die regelmäße Messung und Überprüfung gleicher Kennzahlen wird aber unter Umständen abschätzbar, ob und wie stark sich die gesamte Organisation und einzelne ihrer Bereiche in die gewünschte Richtung entwickeln.[21] In dieser Form wird die Mitarbeiterbefra-

---

[21] Borg (2000: 214) weist in diesem Kontext auf eventuell auftretende Verzerrungseffekte hin, die dadurch entstehen, dass die Mitarbeiter erst durch die Befragung und dessen Folgeprozesse in der Organisation für bestimmte Themen sensibilisiert werden, die dann trotz objektiver Verbesserungen zu einer subjektiver Veränderung des Anspruchsniveaus führen. Diese mess-sensiblen Effekte sind hinreichend aus der Arbeitszufriedenheitsforschung bekannt (Fischer 2006b). Letztendlich wird dadurch deutlich, dass Mitarbeiterbefragungen in der Lage sind, einen entscheidenden Einfluss auf die Einstellung und Empfindung der Mitarbeiter auszuüben und damit selbst ein Interventionsprogramm der Organisation darstellen. Im Übrigen kommt es bei offensichtlichen sozialwissenschaftlichen Messungen in der Regel immer zu Wechselwirkungen zwischen Messinstrument und Untersuchungsgegenstand. Typische Beispiel sind Kameras und Mikrofone bei Beobachtungen oder die Rolle des Wissenschaftlers als Instrukteur bei Experimenten. Für die hier angeführte Argumentation einer Mitarbeiterbefragung als Evaluationsinstrument halte ich dieses Problem für untergeordnet, weil diese – einmal eingeführt – als Teil des Gesamtsystems der Organisationentwicklung zu verstehen ist und die Veränderung bestimmter Kennzahlen absolut

gung zum Evaluationsinstrument für die additive Wirkung aller Maßnahmen und Prozesse innerhalb der Gesamtorganisation, die hinsichtlich der Veränderung der gemessenen Kennzahlen beurteilbar wird. Für die Zielphase bedeutet dies, dass bereits an dieser Stelle nötige Vorkehrungen und Vorbereitungen für den nächsten Befragungsprozess getroffen werden müssen. Im Idealfall kann dabei nahtlos an die geschaffene Qualitätsstruktur der letzten Mitarbeiterbefragung angeknüpft werden, so dass die umfassenden Vorbereitungs- und Planungs-phasen entfallen und sofort zur nächsten Realisierungsphase übergegangen werden kann.

2.7 Gütekriterien im Mitarbeiterbefragungsprozess

Aus den Ausführungen über Ziele, Formen und Methodik von Mitarbeiterbefra-gungen, ergeben sich grundlegende Gütekriterien für den Mitarbeiterbefra-gungsprozess. Dabei soll im Folgenden zwischen *Akzeptanzkriterien*, *Testtheo-retischen Gütekriterien* und dem *Veränderungspotential* differenziert werden.

2.7.1 Akzeptanzkriterien

Unter *Akzeptanzkriterien* sollen diejenigen Gütekriterien verstanden werden, die einen entscheidenden Einfluss auf die Höhe der Beteiligung an der Mitarbeiter-befragung ausüben. Als maßgeblich haben sich dabei die *Transparenz* des Befragungsprozesses, eine glaubhafte Zusicherung der *Vertraulichkeit*, die *Freiwilligkeit* der Teilnahme sowie die inhaltliche *Relevanz* der Befragung erwiesen (Bungard & Jöns 1997: 10ff.). Wie dargestellt ist die Einhaltung dieser Gütekriterien erfolgsentscheidend für den gesamten Mitarbeiterbefragungspro-zess. Nur eine hohe Beteiligungsquote ermöglicht eine gute Datenqualität, die ihrerseits eine wichtige Voraussetzung für die Datenanalyse darstellt.

Transparenz
Die Bedeutung der *Transparenz* als wichtige Voraussetzung für die Akzeptanz und damit als Gütekriterium der Mitarbeiterbefragung wurde inzwischen mehr-fach diskutiert. Der Mitarbeiterbefragungsprozess muss von Anfang an das Vertrauen aller Organisationsparteien gewinnen. Von der Geschäftsleitung über Mitarbeitervertretungen bis hin zu den Mitarbeitern selbst. Nur eine umfangrei-

---

erfassen soll. Dabei stellt das Instrument nicht den Anspruch, Interdependenzen und die Struktur von Einzelwirkungen – auch nicht der eigenen – isoliert zu erfassen.

che Informationspolitik und ausführliches Feedback gewährleisten Innovationsbereitschaft und Vertrauen bei allen Beteiligten und induzieren eine nachhaltige
Akzeptanz von Folgebefragungen.

Vertraulichkeit

Einer umfassenden Transparenz steht das Gütekriterium der *Vertraulichkeit*
gegenüber. Wenngleich vollständige *Anonymität*, bei gleichzeitig hinreichen-
der Kontrolle über die Befragung, in der Praxis kaum realisiert werden kann
(Jesske-Müller 1995: 75), ist die Zusicherung maximaler *Vertraulichkeit* erfolgsentscheidend. Probleme mit der *Vertraulichkeit* führen nicht nur zu geringen
Rücklaufquoten, sondern wirken sich direkt auf die Datenqualität aus, da
ohnehin bestehende Verzerrungseffekte, beispielsweise *soziale Erwünschtheit*[22], sehr viel deutlicher zum Tragen kommen, wenn die Befragten die *Vertraulichkeit* gefährdet sehen (vgl. Bortz & Döring 2006: 231).

Die bereits dargestellten Vor- und Nachteile einer externen gegenüber einer
internen Durchführung der Mitarbeiterbefragung rücken an dieser Stelle in den
Mittelpunkt. Bei einer internen Durchführung ist die Zusicherung der *Vertraulichkeit* oft erheblich erschwert. Poebel & Müller (1995) schlagen vor, die
Befragungsbögen direkt durch ein externes Institut an die Privatadresse zu
verschicken und so Befragung und Datenanalyse vollständig von der Organisation zu trennen. Neugebauer (2003: 24) gibt dabei jedoch zu bedenken, dass
der Rücklauf erfahrungsgemäß besser ist, wenn die Mitarbeiter den Fragebogen während ihrer Arbeitszeit ausfüllen können. Bei einer organisationsinternen
Durchführung bietet es sich an, die beauftragte Projektgruppe möglichst unabhängig und mit Vertretern aller Parteien der Organisation auszustatten. Bestenfalls sollte eine eigens eingerichtete, unabhängige Statistikstelle die Befragung
und Datenanalyse durchführen und allein ihr der Zugriff auf Fragebögen und
Datensatz möglich sein (a.a.O.: 24).

Vertraulichkeit spielt selbst bei der Konstruktion des Fragebogens eine wichtige
Rolle. Ist es testtheoretisch zwar sinnvoll die größtmögliche Datenqualität zu

---

[22] Bühner (2004: 57) definiert soziale Erwünschtheit anhand der Ausführungen von Bortz & Doering als
eine „Darstellungsweise [...], „durch die ein Proband versucht, positives Verhalten, besonders günstige
Eigenschaften oder Merkmale in den Vordergrung zu stellen und gleichzeitig unerwünschtes Verhalten,
eigenschaften oder Merkmale zu verbergen". Sie tritt besonders auf, wenn eine Person negative
Konsequenzen auf Grund der Testergebnisse erwarten könnte oder ein positives Bild von sich darstellen
oder aufrechterhalten will (a.a.O.; vgl. auch Bortz & Döring 2006: 231).

erzielen, kann sich dies jedoch kontraproduktiv auf die augenscheinliche Vertraulichkeit auswirken. Bedenkt man die schlechte Antwortbereitschaft auf die typische Frage nach dem Durchschnittseinkommen, die viele Sozialbefragungen enthalten, wird das Problem sofort deutlich. Bei der Erfassung des Alters ist es zugunsten einer höheren *Vertraulichkeit* sinnvoll, Kategorien anzubieten, obwohl dies einen Datenqualitätsverlust gegenüber der exakten Erfassung des Alters bedeutet. Die Abfrage demographischer Daten sollte grundsätzlich sehr sorgfältig sowohl hinsichtlich ihrer eigentlichen Relevanz als auch der erforderlichen Antwortqualität überdacht werden. Neugebauer (2003: 25) schlägt vor, sensible sozio-demographische Daten erst bei Folgebefragungen zu erfassen, wenn die Mitarbeiter mit der Methode der Mitarbeiterbefragung besser vertraut sind.

Schließlich sind auch die Vorgehensweise bei der Datenauswertung sowie die Darstellung der Ergebnisse nicht unerheblich für die Zusicherung der *Vertraulichkeit*. Auswertungen einzelner Mitarbeitergruppen oder Organisationseinheiten in Verbindung mit erhobenen demographischen Daten wie beispielsweise Geschlecht, Alter oder Dauer der Betriebszugehörigkeit, lassen unter Umständen Rückschlüsse auf einzelne Mitarbeiterinnen oder Mitarbeiter zu. Hier sollten Teilgruppen entweder völlig ohne Bezug auf demographische Daten ausgewertet werden oder aber nur solche Organisationseinheiten in die Auswertung einbezogen werden, die aus mindestens fünf, besser acht oder zehn, Befragungsteilnehmern bestehen. Kleinere Gruppen sollten grundsätzlich zusammengefasst werden (Bien 1995: 35).

Freiwilligkeit
Es versteht sich von selbst, dass die Akzeptanz jeder Mitarbeiterbefragung untrennbar mit der *Freiwilligkeit* an der Teilnahme verbunden ist. Erst die Gewährleistung der *Freiwilligkeit* ermöglicht eine sinnvolle Abschätzung der Akzeptanz anhand der Rücklaufquote und ist notwendige Voraussetzung für eine angemessene Datenqualität (Borg 2000: 12).

Allerdings soll mit der *Freiwilligkeit* als Gütekriterium, neben der Absurdität einer offensichtlichen Teilnahmeverpflichtung, auf die unbedingte Vermeidung von impliziten Zwängen im Kontext der Mitarbeiterbefragung hingewiesen werden.

Eventuellen Gruppenzwängen oder einem irrationalen „sich verpflichtet fühlen" ist auf Grund der Gefahr von bereits erwähnten Verzerrungseffekten entgegenzuwirken. Konkret bedeutet dies, dass Mitarbeiter nicht übertrieben zur Teilnahme gebeten werden oder sich der durchführenden Projektgruppe verpflichtet fühlen sollten. Auch die Verknüpfung der Befragung mit Incentives zur Steigerung der Rücklaufquote ist unter diesem Gesichtspunkt kritisch zu sehen (a.a.O.: 181). Eine hohe Datenqualität kann nur erreicht werden, wenn die Mitarbeiter die Befragung letztendlich voll und ganz akzeptieren und einen persönlichen Sinn in einer wahrheitsgemäßen Beantwortung sehen.

Relevanz
Ein weiteres zentrales Gütekriterium stellt schließlich die inhaltliche *Relevanz* der Mitarbeiterbefragung für die Organisation dar. Die gestellten Fragen müssen für die definierten Ziele der Befragung geeignet sein und auf ein hohes Interesse aller Mitarbeiter stoßen. Irrelevante Ergebnisse führen mit hoher Wahrscheinlichkeit zu wirkungslosen oder sogar schädlichen Maßnahmen, die einerseits die wirtschaftliche Effizienz der Mitarbeiterbefragung reduzieren und andererseits das Vertrauen für Folgebefragungen auf allen Ebenen der Organisation untergraben. Inhaltliche Relevanz ist deswegen ein notwendiges Kriterium für die Akzeptanz der Mitarbeiterbefragung sowie die Wirksamkeit der Folgeprozesse für die Organisationsentwicklung.

2.7.2 Testtheoretische Gütekriterien

Bungard (1997: 11) stellt die Akzeptanzkriterien, insbesondere die Relevanz der Fragen, deutlich über die testtheoretischen Gütekriterien Validität und Reliabilität.

Dies erscheint plausibel solange Mitarbeiterbefragungen lediglich spezifische Sachverhalte und Probleme im Einzelunternehmen erfassen sollen, ohne dabei abstrakte, allgemeingültige Konstrukte abzubilden. Sollen jedoch die Ergebnisse verschiedener Unternehmen oder unterschiedlicher Organisation-seinheiten miteinander vergleichbar werden, ist es wichtig bei jeder Befragung möglichst gleiche Sachverhalte, beispielsweise Arbeitszufriedenheit, Mitarbeiterbindung oder Unternehmenskultur, zu messen. Jede *systemische Mitarbeiterbefragung* erfordert zu Beginn die Entwicklung sinnvoller Kennzahlen und entsprechender

Indikatoren (vgl. Kapitel 2.4). Somit ist auch für die Mitarbeiterbefragung als Evaluationsinstrument, die Konstruktion geeigneter Skalen grundlegend für die konsequente Erfassung der zu evaluierenden Struktur. Dadurch spielen die testtheoretischen Gütekriterien, speziell die Reliabilität der Skalen, eine Rolle bei der Schätzung der Qualität des Messinstruments. Neben der Reliabilität und gegebenenfalls der Validität der Messungen, muss die Objektivität bei der Durchführung und Auswertung beachtet werden, um vergleichbare Ergebnisse zu erhalten (vgl. Kapitel 2.5.2; sowie Kapitel 5.2.5).

2.7.3 Veränderungspotential

Mitarbeiterbefragungen sind keine Instrumente die „nebenbei" oder „obligato-risch" im Rahmen eines Qualitätsmanagementprojektes eingesetzt werden sollten. Anhand der Gliederung der einzelnen Phasen der Mitarbeiterbefragung wird die Gleichgewichtung von Vorbereitung, Befragung und Feedback deutlich (vgl. Kapitel 2.1). Mitarbeiterbefragungen verstehen sich durch umfangreiche Feedback- und Folgeprozesse als Instrument der Organisationsentwicklung. Sie müssen also ein entsprechendes Veränderungspotential besitzen.

Auf Grundlage formativer Evaluation wird dieses Gütekriterium häufig erst nach mehreren Wiederholungen der Mitarbeiterbefragungen abschätzbar. Im Vorfeld der Befragung können dazu wichtige Voraussetzungen geschaffen werden. Je beweglicher und veränderbarer die gewählten Problem- und Analysefelder der Mitarbeiterbefragung sind, desto eher werden abgeleitete Interventionsmaß-nahmen greifen. Entscheidend ist das ehrliche und garantierte Interesse der Organisation, Handlungsfelder und konkrete Maßnahmen aus dem Mitarbeiter-befragungsprozess abzuleiten und umzusetzen. Mitarbeiterbefragungen in Organisationen mit geringer Innovationsbereitschaft und starren Strukturen werden prinzipiell keine weitreichenden Erfolge verbuchen können.

46

3 Der Malteser Hilfsdienst

Nach Darstellung der theoretischen Grundlagen von Mitarbeiterbefragungen, soll nun das besondere Anwendungsfeld der vorgestellten Mitarbeiterbefragung beschrieben und definiert werden. Zunächst ist dazu der Begriff *ehrenamtliche Tätigkeit* näher zu bestimmen und die Organisationstruktur des Malteser Hilfsdienstes vorzustellen. Abschließend wird exkursiv auf das Thema „Motivation ehrenamtlicher Tätigkeit" eingegangen, da sich hieraus wesentliche Konsequenzen für die Konstruktion und Umsetzung der Befragung ergeben.

3.1 Begriffsbestimmungen

Unter dem Begriff *ehrenamtliche Tätigkeit* wird zumeist eine unbezahlte Tätigkeit verstanden. Diese Beschreibung allein ist jedoch nicht ausreichend, um den Begriff vollständig zu erfassen. Dies wird deutlich, wenn man neben der Vergütung an Aspekte wie Dauerhaftigkeit, Zeitintensität, Aktivitätsgrad, Freiwilligkeit, organisatorische Anbindung, formale Legitimation, Professionalitätsgrad, Objektbezug, Adressaten, Motivlage und persönlicher Nutzen sowie der sozialen Reichweite von Handlungen und Tätigkeiten denkt (Schüll 2003: 30).

Der Begriff *ehrenamtliche Tätigkeit* ist damit keineswegs so eindimensional, wie häufig angenommen wird. Peter Schüll (2003: 50) hat diese Vieldimensionalität analysiert und kommt zu folgender Definition:

> „Von ‚Ehrenamt' (bzw. ‚ehrenamtlicher Tägigkeit' oder ‚ehrenamtlicher Arbeit') soll dann und nur dann gesprochen werden, wenn jemand freiwillig, jenseits familiärer, verwandtschaftlicher, freundschaftlicher, nachbarschaftlicher oder lokalgemeinschaftlicher Solidarverpflichtung, einen Teil seiner (Frei-)Zeit über einen gewissen Zeitraum hinweg für eine fremdwohlerzeugende Tätigkeit zur Verfügung stellt, die im Rahmen einer zumindest lose organisierten Aggregationsform ausgeübt wird und bei der hinsichtlich möglicher Rückerstattungen weder die eigentliche Arbeitsleistung entlohnt wird noch strenge Reziprozität unter Gleichbetroffenen vorliegen darf."

Der Grad der Professionalität und der Qualifikationsvoraussetzungen bleibt bei dieser Definition unberücksichtigt. Demnach kann eine *ehrenamtliche Tätigkeit* durchaus gleiche oder gar höhere Anforderungen an die Qualifikation der durchführenden Personen stellen, wie entsprechende hauptamtliche und entlohnte Tätigkeiten.

Diese Auffassung *ehrenamtlicher Tätigkeit* verdeutlich der dritte Leitsatz des Malteser Hilfsdienstes: „Wir arbeiten professionell in Ehren- und Hauptamt" (Deutsche-Malteser-gGmbH 2008a). Ehrenamtliche Mitarbeiter dieser Organisation leisten demzufolge die gleichen Arbeiten, wie hauptamtlich Angestellte. Es ist sogar üblich, dass ehrenamtliche und hauptamtliche Mitarbeiter als Kolleginnen und Kollegen zusammen in den verschiedenen Tätigkeitsfeldern arbeiten (vgl. Kapitel 3.3). Das bedeutet, dass sich das Team eines Rettungswagens beispielsweise aus einem ehrenamtlich Tätigen und einem hauptamtlichen Mitarbeiter zusammensetzen kann, wobei beide Personen über die gleiche Ausbildung und Qualifikation verfügen und im Einsatzfall die gleichen Tätigkeiten durchführen. Derzeit sind auf diese und ähnliche Weise ca. 35.000 ehrenamtliche Helfer[23] beim Malteser Hilfsdienst in Deutschland aktiv – im Gegensatz zu etwa 3.500 hauptamtlich angestellten Mitarbeitern. Bereits an diesem Verhältnis wird deutlich, dass ehrenamtlich Tätige das existenzielle Kapital für die Arbeit des Malteser Hilfsdienstes darstellen. Infolgedessen muss die Organisation Voraussetzungen schaffen, um ehrenamtliches Personal zu gewinnen, sinnvoll und effizient einzusetzen und schließlich halten zu können.

3.2 Die Organisationsstruktur des Malteser Hilfsdienst[24]

Auf Initiative der Bundesregierung wurde der Malteser Hilfsdienst e.V. 1953 vom *Ritterorden der Malteser*[25] und dem deutschen Caritasverband mit dem Auftrag gegründet, möglichst große Teile der Bevölkerung in Erster-Hilfe auszubilden.

Trotz sukzessiver Übernahme neuer Aufgaben und Tätigkeitsfelder, hat sich die Organisationsstruktur des Malteser Hilfsdienstes im Wesentlichen nicht verän-

---

[23] Es sind stets beide Geschlechter gemeint.

[24] Vgl. Satzung des Malteser Hilfsdienst e.V. 2003; sowie Fehmer 2004.

[25] Der Ritterorden der Malteser blickt seit seiner Gründung 1099 mittlerweile auf eine über 900 Jahre alte Tradition der Hilfe Bedürftiger zurück. Aus ihm ist im 19. Jahrhundert, während der Reformation, auch der Johanniter-Orden und damit die heute bekannte Johanniter Unfallhilfe hervorgegangen. Die Gründung des Malteser Hilfsdienstes e.V. erfolgte durch deutsche Teile des Ordens, dem „Verein Schlesischer Malteserritter" und der „Rheinisch-Westfälische Malteser Devotionsritter", die sich 1993 zur „Deutschen Assoziation des Souveränen Malteser Ritterordens" zusammenschlossen. Diese Institution bildet sie heute, zusammen mit dem deutschen Caritasverband, die Träger des Malteser Hilfsdienstes e.V. (vgl. Wienand 1988: 576ff.; sowie Karmon 2004).

dert. Abbildung 3.1 zeigt diese Struktur, die sich prinzipiell in Bundesebene, Diözesanebene und Ortsebene aufteilen lässt.

Abbildung 3.1: Struktur des Malteser Hilfsdienstes e.V.

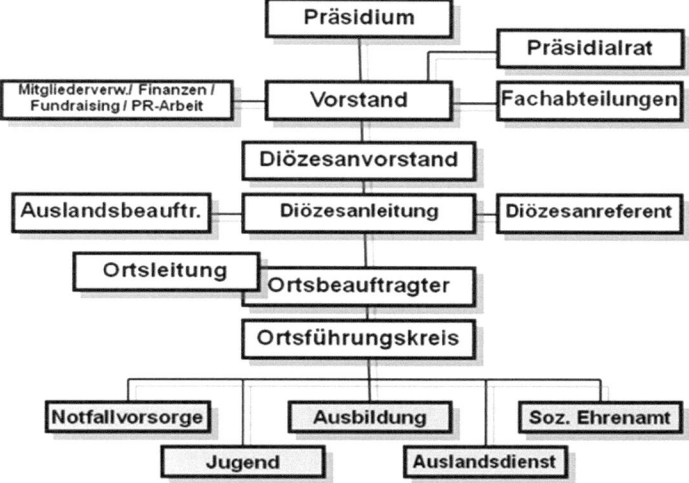

Quelle: Satzung des Malteser Hilfsdienst e.V. 2003.

Höchstes Zentralorgan ist das Präsidium. Dieses besteht aus dem Präsidenten, zwei Vizepräsidenten, Vertretern der *Deutschen Assoziation des Souveränen Malteser Ritterordens* und des deutschen Caritasverbandes sowie leitenden Funktionsträgern etwa dem Bundesseelsorger, Bundesarzt und insgesamt vier Vertretern der aktiven Helferschaft. Hinzu kommen beratende Mitglieder.

Das zweite Zentralorgan, dem geschäftsführenden Vorstand, obliegt zusammen mit dem Präsidium und in Kooperation mit entsprechenden Fach- und Verwaltungsabteilungen, die satzungsgemäße Führung und Vertretung des Malteser Hilfsdienstes e.V.

Höchstes beschlussfassendes Gremium stellt die jährliche Bundesversammlung dar. Sie hat demokratische Befugnisse und wählt den Präsidenten sowie verschiedene weitere Präsidiumsmitglieder. Die Bundesversammlung setzt sich aus gewählten Delegierten und Leitern der Diözesangliederungen zusammen, die ihrerseits von Vertretern der Ortsversammlungen gewählt werden.

Unterhalb der Bundesebene fächert sich der Malteser Hilfsdienst entsprechend der kirchlichen Verwaltungsstrukturen in Diözesangliederungen auf. Analog der Zentralorgane der Bundesebene liegen die Befugnisse beim Diözesanvorstand und der Diözesanleitung. Beschlussfassendes Gremium ist die Diözesandelegiertenversammlung.

Auf Grund der föderativen Verfassung der Bundesrepublik Deutschland wurden teilweise Regional- und Landesgeschäftsstellen eingerichtet, die jedoch hauptsächlich die Koordinierung vor Ort sowie verschiedene repräsentative Aufgaben in ihrem Gebiet wahrnehmen.

Schließlich bilden die Untergliederungen das Fundament auf Bezirks-, Kreis-, Stadt- und Ortsebene. Die Diözesanleitung ernennt auf Vorschlag den Ortsbeauftragten und dessen Stellvertreter zur Führung der Gliederung. Zusammen mit dem Geschäftsführer und gegebenenfalls einem Einsatzgliederungsführer, der die Verantwortlichen der einzelnen Tätigkeitsfelder vertritt, bilden diese Personen die Ortsleitung. Die Ortsleitung entscheidet über alle Belange des Ortes unter Vorsitz des Ortsbeauftragten. Beratendes Gremium ist der Ortsführungskreis, zu dem verschiedene Funktionsträger, Referenten der Tätigkeitsfelder sowie zwei gewählte Vertreter der aktiven Helferschaft gehören. Die verschiedenen Wahlämter wie beispielsweise die Delegierten für die Diözesanversammlung und die Vertreter der aktiven Helferschaft werden durch die jährliche Ortsversammlung besetzt, zu der alle Mitglieder der Gliederung – mit Ausnahme der Malteser-Jugend, die als selbstständiger Verband eigene Führungsstrukturen aufweist – geladen und stimmberechtigt sind.

3.3 Ehrenamtliche Tätigkeitsfelder beim Malteser Hilfsdienst

Die Aufgaben der Bundesebene, der Diözesanvorstände und der Diözesanreferenten werden weitgehend von hauptamtlichen Beauftragten wahrgenommen, da hier zumeist routinemäßige, behördenartige Verwaltungstätigkeiten anfallen, die für ehrenamtliches Personal kaum von Interesse sind. Das bedeutet jedoch nicht, dass auf diesen Ebenen keine ehrenamtliche Tätigkeit stattfindet. Lediglich der Grundbetrieb wird durch hauptamtliches Personal sichergestellt. Auf den weiteren Diözesan-, Bezirks-, Kreis-, Stadt- und Ortsebenen sind ehrenamtliche Tätigkeiten dagegen die Regel. Mitunter wird das gesamte Angebot an professionellen unternehmerischen Diensten einzelner Gliederungen, inklusive deren Organisation und Verwaltung, vollständig durch ehrenamtliche Mitarbeiter bereitgestellt.

Dabei ist die Ausbildung der Bevölkerung in Erster-Hilfe heute nicht mehr die einzige Aufgabe des Malteser Hilfsdienstes. Dieser Auftrag ist Teil der Säule *Ausbildung* geworden, die mittlerweile eine von fünf Säulen satzungsgemäßer Aufgaben darstellt.

Abbildung 3.2: Die Aufgaben des Malteser Hilfsdienst e.V.

Quelle: Satzung des Malteser Hilfsdienst e.V. 2003.

Neben der Ausbildung in Erster-Hilfe sind zum Aufgabenfeld *Ausbildung* eine Vielzahl weiterer Angebote aufgenommen worden. So bieten die Malteser, neben der konsequenten Aus-, Fort- und Weiterbildung ihrer eigenen Mitarbeiter, verschiedene Kurse zur Notfallmedizin, Kranken-, Sozial- und Altenpflege sowie zur Begleitung und Betreuung von Hilfsbedürftigen an (Deutsche Malteser gGmbH 2008b).

Eine weitere Säule bildet der Auslandsdienst beziehungsweise die Auslandshilfe. Aus dem Auslandsdienst entwickelte sich im Jahr 2005 mit *Malteser International* ein eigenständiges Hilfswerk des Malteserordens. Weiterhin sind viele Gliederungen in der Auslandshilfe tätig und unterstützen bedürftige Länder – insbesondere in Osteuropa – und Krisengebiete durch Hilfslieferungen, der

Entsendung von Fachkräften und finanziellen Zuwendungen (Deutsche Malteser gGmbH 2008c).

Die *Malteser-Jugend* bildet die dritte Säule der satzungsgemäßen Aufgaben des Malteser Hilfsdienstes. Mit der Jugendarbeit soll der Leitsatz "Bezeugung des Glaubens und Hilfe den Bedürftigen" in jugendgemäßer Weise umgesetzt werden und für Kinder, Jugendliche und junge Erwachsene in Form aktiver Freizeitgestaltung erlebbar gemacht werden. Außerdem stehen Bildungsarbeit, soziales Engagement und eine malteser-spezifische Ausbildung im Mittelpunkt dieser Arbeit. Seit 1979 ist die *Malteser-Jugend* eigenständig organisiert, wählt eigene Vertreter und verfügt über eine eigene Ordnung. Trotz dieser autonomen Führungsstruktur ist sie auf allen Ebenen in den Gesamtverband eingebunden. Nach über 25 Jahren engagieren sich heute ca. 9.000 Kinder, Jugendliche und junge Erwachsene in der *Malteser-Jugend* (Malteser Hilfsdienst e.V. 2008).

Eines der größten Aufgabenfelder stellt die Säule der *Notfallvorsorge* dar. Hierzu zählt der klassische Bereich des Katastrophenschutzes, die Sanitätsdienste, der Rettungsdienst und Krankentransport inklusive des weltweiten Rückholdienstes, der Hausnotruf und die psychosoziale Unterstützung für Menschen in akuten Krisensituationen (Deutsche Malteser gGmbH 2008d).

Schließlich vervollständigen die sozialen ehrenamtlichen Dienste das satzungsgemäße Aufgabenspektrum des Malteser Hilfsdienstes. Hierzu zählen beispielsweise die Hospizarbeit, die Hilfe und Betreuung Obdachloser, sowie ehrenamtliche Besuchs- und Begleitdienste (BBD). Darüber hinaus gibt es zahlreiche Tätigkeitsfelder in der ambulanten Pflege, den Malteser Krankenhäusern sowie den zahlreichen Einrichtungen der Altenpflege (Deutsche Malteser gGmbH 2008e).

Unabhängig von einzelnen Tätigkeitsfeldern wird in allen Bereichen eine enge Zusammenarbeit von Haupt- und Ehrenamt gepflegt, bei der keine Trennung hinsichtlich der Qualifikationsstruktur existiert. Praktisch bedeutet dies, dass die „Kunden" des Malteser Hilfsdienstes formal nicht zwischen haupt- und ehrenamtlich Tätigen unterscheiden können – und dies auf Grund der gleichen Leistung und Qualität auch nicht müssen. Angesichts der hohen Anforderungen der genannten Tätigkeiten ist diese Tatsache bemerkenswert und wirft die Frage auf, was Ehrenamtliche zur Ausübung ihrer Tätigkeit bewegt.

3.4 Exkurs: Motive ehrenamtlicher Tätigkeit

Fragt man nach Motiven für ehrenamtliche Tätigkeit, liegt es nahe, psychologische Motivtheorien zu Rate zu ziehen. Dabei lassen sich Inhaltstheorien und Prozesstheorien voneinander unterscheiden (Schuler 2003). Während sich Inhaltstheorien damit beschäftigen, was Menschen zu bestimmten Handlungen veranlasst, wollen Prozesstheorien erklären, wie und unter welchen Umständen es zu diesen Handlungen kommt. Zu den bekanntesten Inhaltstheorien zählen heute

a) die *Bedürfnishierarchie* nach Maslow (1977),

b) die *Existance-Relatedness-Growth-Theorie* von Alderfer (1972),

c) die *Zwei-Faktoren-Theorie* von Herzberg (1959),

d) die *Leistungsmotivationstheorie* von McClelland (1985).

Die Theorien von Herzberg und McClelland sind sehr stark auf die Arbeitswelt bezogen und erklären Motive typischer Mitarbeiter. Auch die Prozesstheorien[26] sind, ohne zu tief ins Detail zu gehen, nur schwer auf den ehrenamtlichen Kontext übertragbar. Dementsprechend beschränkt sich die folgende Darstellung auf die ersten beiden Inhaltstheorien, unter Verweis auf die weiterführende Literatur.

3.4.1 Die Bedürfnishierarchie nach Maslow

Die Bedürfnishierarchie von Abraham Maslow ist die bis heute wohl am weitesten verbreitete Motivationstheorie. Als Grundlage seiner Theorie entwickelte er 1954 eine Bedürfnispyramide, nach der die menschlichen Bedürfnisse in Klassen eingeteilt und hierarchisch angeordnet sind.

---

[26] Als ihre wichtigsten Vertreter seien an dieser Stelle die *Valency-Instrumentality-Expectancy-Theorie* von Vroom, die *Equity-Theorie* von Adams, die *Zieltheorie* von Locke sowie Bruggemanns *dynamisches Modell der Arbeitszufriedenheit* genannt (vgl. beispielsweise Schuler 2003: 139ff.).

Abbildung 3.3: Die Bedürfnispyramide nach Maslow.

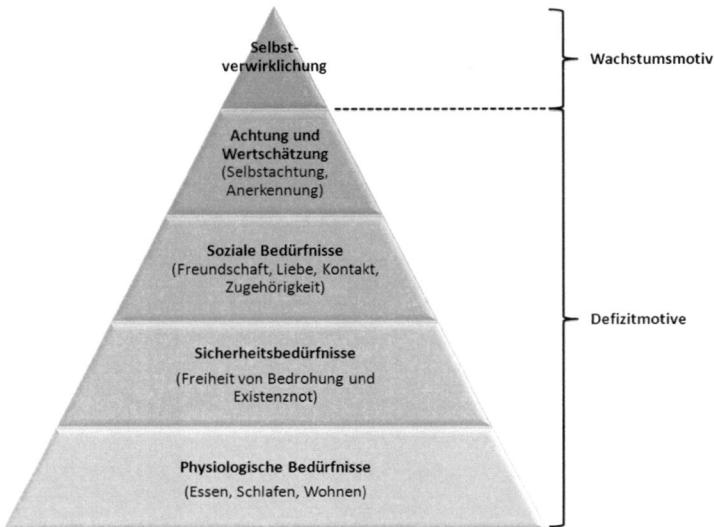

Quelle: Maslow 1977; eigene Anpassung.

Maslow (1977) glaubte, dass jeder Mensch diese Bedürfnisse in der gleichen Weise besäße. Erst wenn eine Bedürfnisstufe dieser Hierarchie befriedigt ist, wird die nächst Höhere dominant. Zunächst müssen die physiologischen Bedürfnisse wie Nahrungsaufnahme und Schlaf befriedigt werden, bevor das Bedürfnis nach Sicherheit entsteht. Erst nach dessen Befriedigung wird das Streben nach Freundschaft, Liebe und Zugehörigkeit relevant. Schließlich folgen Bedürfnisse der Selbstachtung und Anerkennung und schlussendlich Selbstverwirklichung an der Spitze.

Während die ersten vier Stufen so genannte Defizitmotive darstellen ist die Stufe der Selbstverwirklichung ein Wachstumsmotiv. Defizitmotive zeichnen sich dadurch aus, dass sie mit steigendem Maß an Erfüllung, zunehmend an Dominanz verlieren, während sich Wachstumsbedürfnisse letztlich nicht hinreichend befriedigen lassen und das Streben endlos fortbesteht (a.a.O.: 89).

In der wissenschaftlichen Diskussion hat diese Sichtweise in den letzten Jahren an Bedeutung verloren, da sie ausschließlich theoriegeleitet entwickelt wurde und empirisch nicht haltbar ist. Bedürfnisse und Motivlagen von Menschen ändern sich stark in Abhängigkeit der jeweiligen Situation und folgen nicht grundsätzlich einer starren Hierarchie (Bien 1995: 46). Dies hat Maslow später selbst erkannt und verschiedene Anpassungen seiner Theorie vorgenommen, die aber keine vergleichbare Aufmerksamkeit erlangten. Dennoch liefert sein Modell der Bedürfnishierarchie eine entscheidende Basis für das Verständnis menschlicher Motivlagen und die weiteren Inhaltstheorien.

3.4.2 Die ERG-Theorie von Alderfer

Alderfers Motivtheorie ist aus der zunehmenden Kritik an Maslows Modell entstanden und beruht stärker auf empirischen Analysen. Die Abkürzung „ERG" steht dabei für die drei Bedürfnisklassen „existence needs", „relatedness needs" und „growth needs", die Alderfer (1972) unterscheidet.

Neben dieser Reduktion auf lediglich drei grundsätzliche Bedürfnisklassen, liegt der Unterschied zu Maslows Theorie in der Aufhebung ihrer zwingenden hierarchischen Ordnung. Vielmehr wird die Bedeutung einzelner Bedürfnisse durch vier Prinzipien bestimmt (Bien 1995: 46):

Frustrationshypothese: Ein nichtbefriedigtes Bedürfnis wird dominierend.

Frustrations-Regressionshypothese: Bei erfolgloser Befriedigung eines Bedürfnisses, wird das nächst-niedrigere wieder dominant.

Befriedigungs-Progressions-Hypothese: Bei erfolgreicher Befriedigung eines Bedürfnisses, wird das nächst-höhere dominant. Diese Hypothese entspricht Maslows Theorie.

Frustrations-Progressions-Hypothese: Auch eine erfolglose Befriedigung eines Bedürfnisses kann dazu führen, dass höhere Bedürfnisse dominant werden, Hierarchien also übersprungen werden.

Wegen seiner besseren empirischen Fundierung wird der Ansatz von Alderfer heute deutlich stärker akzeptiert als der von Maslow. Beide Ansätze beziehen sich ausdrücklich auf Menschen in der Arbeitswelt, deuten aber auf die Bedeutung höherer Bedürfnisse, beispielsweise dem Streben nach sozialen Kontakten, Anerkennung oder gar Selbstverwirklichung, für die Motivation ehrenamtlicher Tätigkeiten hin. Auf Grund fehlender monetärer Entlohnung und unmittelbarer Reziprozität, kann die ehrenamtliche Tätigkeit nicht für die Befriedigung existenzsichernder Bedürfnisse genutzt werden. Dies legt den Schluss nahe, dass durch ehrenamtliche Tätigkeiten verstärkt höhere Motive befriedigt werden, was zahlreiche Untersuchungen zur Motivation ehrenamtlichen Engagements bestätigen (Schüll 2003: 157).

3.4.3 Neuere Untersuchungen

Schüll (2003: 52f.) hat sich umfassend mit den Motiven ehrenamtlicher Mitarbeiter auseinander gesetzt und diskutiert das Phänomen „Ehrenamt als Arbeit". Durch Analyse zahlreicher Untersuchungen und einer sorgfältigen Literaturstudie klassifiziert er die möglichen Beweggründe ehrenamtlicher Tätigkeit nach folgenden Motivlagen (a.a.O: 142):

a) Humanitärer Altruismus (Unterstützung Benachteiligter, Helfenwollen),

b) Staatsbürgerliche Verpflichtung, Gemeinwohlverpflichtung,

c) Politischer Gestaltungswille (Partizipation, gesell. Reformen),

d) Hedonistische Motive (Spaß, Abenteuer, Abwechslung, Prestige),

e) Psychische Motive (Persönlichkeitsentwicklung, Grenzerfahrungen),

f) Kontaktmotive (Erweiterung sozialen Kapitals, Geselligkeit),

g) Kompensation (Ausgleich von Defiziten in Familie und Beruf),

h) Relevanzerhaltung (Erhaltung von Handlungspotential).

Nach einer umfangreichen Operationalisierung dieser Motivlagen und der Untersuchung in verschiedenen ehrenamtlichen Tätigkeitsfeldern (a.a.O.: 178ff.) konnten faktorenanalytisch fünf grundlegende Motive ehrenamtlicher Tätigkeit extrahiert werden (a.a.O.: 190f.):

a) Unterschiedsleben und Sozialkontakte (Spaß, Interesse, Abwechslung, interessante Menschen kennenlernen),

b) Selbstentfaltung und Persönlichkeit (Eigenverantwortung, Fähigkeiten, Feedback, Herausforderungen, Lernen),

c) Altruistische Gemeinwohlverpflichtung (Gesellschaftlicher Zusammenhalt, Wohl für andere, Helfen, Mitleid),

d) Sozialprestige (Berufliche Karriere, Ansehen bei Freunden und Bekannten),

e) Politischer Gestaltungswille (politisch oder sozial etwas bewegen, Engagement als Welt-Einstellung).

Die Motive a), b) und d) werden dabei als vorrangig egoistisch oder selbstbezüglich bezeichnet, wohingegen c) und e) eher altruistische oder uneigennützige Motive darstellen. Insgesamt treten diese fünf Motive recht konstant über das Lebensalter und anderen persönlichen Merkmalen der ehrenamtlich Tätigen auf, unterscheiden sich aber hinsichtlich ihrer Gewichtslage. So fasst Schüll (2003: 227) zusammen:

> „Jüngere Ehrenamtliche, solche mit niedrigem sozialen Status, Vertreter individualistischer Werthaltungen (die Leistung und Selbstentfaltung betonen), in Grenzen Anhänger konventioneller Wertorientierungen und Freiwillige, die zeitintensive Ehrenämter bekleiden, sind häufig aus selbstbezüglichen Beweggründen engagiert. Ältere Ehrenamtliche, verheiratete, solche mit hohem sozialen Status, religiöse Menschen, Vertreter konventionell-traditioneller Werte und Freiwillige mit zahlreichen ‚kleineren' Ehrenämtern weisen hingegen auffällig altruistische Engagementmotive auf."

Schüll (2003), Bierhoff (2004) und auch Metul (2006) konnten zeigen, dass die Dauer der ehrenamtlichen Tätigkeit eine Rolle bei der Gewichtung der Motivlagen spielt. Die Aufnahme einer ehrenamtlichen Tätigkeit ist häufig von anderen Motiven geleitet als deren Aufrechterhaltung. Der Beginn einer Tätigkeit in einer Hilfsorganisation ist überwiegend von einem Gleichgewicht zwischen egoistischen und altruistischen Beweggründen geleitet; teilweise überwiegen sogar die altruistischen Motive. Mit der Zeit gewinnen jedoch die egoistischen Motive, wie Spaß, soziale Bindung, Anerkennung und Selbsterfahrung.

4 Empirische Grundlagen der Helferbefragung

In diesem Kapitel soll nun die Entwicklung der Helferbefragung beim Malteser Hilfsdienst vorgestellt werden. Dazu wird die Leitidee in Form einer Pilotbefragung skizziert, die zur Formulierung von Anlässen zur Helferbefragung beim Malteser Hilfsdienst führt. Schließlich werden die relevanten Analysefelder entwickelt und der Helferfragebogen konstruiert.

4.1 Pilotbefragung und Idee

Die Idee eine Mitarbeiterbefragung respektive *Helferbefragung*[27] beim Malteser Hilfsdienst zu entwickeln, entstand durch meine eigene Tätigkeit in der Gliederung Greven. Auf Grund vermehrter Probleme zwischen bestehendem Ehrenamt und einem, durch stark wachsende Aufgaben im Rettungsdienst und Krankentransport entstandenem Hauptamt, wurde Anfang 2006 eine umfassende Befragung der Helferschaft durchgeführt.

Der Gedanke eine regelmäßige, standardisierte und universelle Helferbefragung für den Malteser Hilfsdienst zu entwickeln, war zu diesem Zeitpunkt allerdings noch nicht gewachsen. Diese erste Befragung stellt eine Art Pilotprojekt für die Entwicklung der Helferbefragung dar, weil aus ihr wichtige Erkenntnisse für die Entwicklung und Durchführung von Befragungen im ehrenamtlichen Kontext des Malteser Hilfsdienstes hervorgegangen sind. Da die Pilotbefragung völlig Literaturfrei entstanden ist, soll die folgende Darstellung den Erfahrungsgewinn für die im Weiteren diskutierte Helferbefragung herausstellen.

4.1.1 Planung und Vorbereitung

Das Ziel der Befragung war, die bestehenden Personalprobleme der Gliederung aufzudecken und ein möglichst vollständiges Bild über die Einstellungen und Erwartungen der Helferschaft zu liefern. Daher sollte eine Vollbefragung von

---

[27] Beim Malteser Hilfsdienst, wie bei den meisten Hilfsorganisationen, ist es üblich ehrenamtlich tätige Mitarbeiter als Helfer zu bezeichnen. Dieser Begriff ist macht außerdem den sozialen Charakter der typischen Tätigkeitsfelder des Malteser Hilfsdienstes deutlich. Um diesem Anliegen Rechnung zu tragen die Zielgruppe klar anzusprechen, verwende ich für die entwickelte Mitarbeiterbefragung den Begriff der Helferbefragung.

etwa 80 aktiven Helfern im Rettungsdienst und Krankentransport durchgeführt werden.

Das größte Problem schien die Motivation der Helfer zur Teilnahme an der Befragung zu sein. Im Rahmen des Qualitätsmanagements nach DIN EN ISO 9001, welches der Malteser Hilfsdienst insbesondere im Rettungsdienst und Krankentransport umsetzt, wurde bereits eine jährliche schriftliche Umfrage zur Mitarbeiterzufriedenheit durchgeführt. Die Beteiligung an dieser Umfrage war jedesmal so gering, dass eine Auswertung auf Grund fehlender Relevanz kaum lohnte. Von gut 80 ausgeteilten Fragebögen, kamen selten mehr als zehn ausgefüllt zurück, obwohl der Fragebogen nur elf Fragen auf gerademal einer DIN-A4 Seite umfasste (vgl. Fragebogen im Anhang I). Dies deutete auf eine geringe Akzeptanz von Befragungsaktionen innerhalb der Helferschaft hin.

Mit den eher pro forma durchgeführten ISO-Umfragen waren keine Maßnahmen zur Beteiligungssteigerung verknüpft. Um die Motivation der Befragten zu erhöhen sollte die Helferbefragung mit einem Gewinnspiel verbunden werden, bei dem gestaffelte Geldpreise sowie attraktive Trostpreise verlost wurden.

Neben der Umsetzung des Gewinnspiels, machte die unregelmäßige Anwesenheit der Helfer an der Dienststelle die Form der Briefwahl erforderlich. Durch die recht unterschiedlichen Tätigkeitsfelder und die hohe Zahl an Ehrenamtlichen gab es keine festen Kernzeiten, zur denen sich die gesamte Helferschaft an der Dienststelle befand. Einige Helfer haben wöchentliche oder gar tägliche Dienste, andere sind nur alle paar Wochen an der Dienststelle anzutreffen.

Die Durchführung einer Helferbefragung erschien der Ortsleitung zum angestrebten Zeitpunkt plausibel einer Kostenübernahme wurde sofort zugestimmt. Daraufhin wurde der Diskurs mit allen Helfern gesucht, indem das Projekt über die Informationssysteme der Gliederung, beispielsweise den Helferinformationen (eine Art von Betriebszeitung), E-Mailverkehr sowie Aushänge am Schwarzen-Brett, bekannt gemacht und beworben wurde. So entstand gewisse Vereinsstimmung zur Helferbefragung.

4.1.2 Fragebogenentwicklung

Zur Konstruktion des Fragebogens wurden alle Helfer aufgefordert, entsprechende Vorschläge für interessierende Fragestellungen und Inhalte zu unterbreiten. Dazu wurden Zettel ausgehangen, auf denen Themenvorschläge sowie konkrete Fragen formuliert werden konnten. Interviews mit Führungskräften und Beauftragten der einzelnen Tätigkeitsfelder lieferten weitere wichtige Inhalte für die Befragung.

Die Beteiligung an dieser Vorbereitung war hoch und ergab eine große Zahl möglicher Themengebiete und interessanter Fragestellungen. Als nächstes mussten diese Fragestellungen zur Verwendung im Fragebogen ausformuliert werden. Das Ergebnis waren über 200 konkrete Fragen, hinzu kamen demographische Angaben zur Statistik. Auf Grund des Ziels der Helferbefragung ein umfassendes Bild zu generieren, erschienen alle Fragen relevant und wurden in den Fragebogen aufgenommen. Die Fragen wurden geschlossen gestellt und mit einer vier-stufigen Ratingskala versehen. Bewusst wurde auf eine mittlere Kategorie verzichtet, um tendenzielle Aussagen auf jede Frage zu erhalten. Es konnte zusätzlich mit „weiß nicht bzw. betrifft mich nicht" geantwortet werden. Die so konstruierten Items können insgesamt acht Themenfeldern zugeordnet werden (vgl. Tabelle 4.1).

Tabelle 4.1: Struktur des Fragebogens der Pilotbefragung.

Themengebiet	Anzahl der Items
Tätigkeitsbedingungen	37
Zufriedenheit und Klima	52
Kommunikation und Information	12
Aus-, Fort- und Weiterbildung	30
Führung	17
Image	15
Mitgliederbindung	40
Sonstiges	24
Statistik	5
GESAMT	**223**

Quelle: eigene Berechnungen.

Nach der Erstellung des Fragenbogens wurde dieser an einigen hauptamtlichen Mitarbeitern auf Plausibilität, Verständnis und formelle Durchführbarkeit getestet. Dabei wurden schwer verständliche Fragen ausgesondert und letzte Probleme behoben (vgl. Fragebogen im Anhang II).

4.1.3 Durchführung der Befragung

Die Helfer erhielten die Befragung an ihre jeweilige Privatadresse, mit der Bitte um Bearbeitung innerhalb von vier Wochen. Neben dem Fragebogen selbst, lag der Befragung eine grundlegende Erklärung zum Ausfüllen, ein Loszettel für das Gewinnspiel sowie ein kurzes Motivationsschreiben bei.

Um im Rahmen des Gewinnspiels eine hohe Vertraulichkeit zu gewährleisten, wurden die Losnummern nicht im Vorfeld vergeben, sondern die Befragten sollten Zahlen auf einem entsprechenden Feld ankreuzen; ähnlich des bekannten Lottospiels. Einen der Loszettel behielten die Befragten zur Kontrolle und Bestätigung ihrer Zahlen bei der späteren Gewinnabholung. Der Zweite wurde in einen beiliegenden Umschlag gesteckt und zusammen mit dem ausgefüllten Fragebogen zurückgeschickt. Später wurden die Umschläge mit den Losnummern dann vom Fragebogen getrennt. Ein ähnliches Verfahren zum Umgang mit Losnummern findet sich bei Wiendieck (1997: 392f.).

Für die Rücksendung lag der Befragung ein ausreichend frankierter und adressierter Umschlag bei. Bei Eingang an der Dienststelle wurden die Umschläge vom diensthabenden Personal ungeöffnet in eine eigens aufgestellte Urne geworfen. Die Helfer hatten zusätzlich die Möglichkeit die Fragebögen direkt über diese Urne zurückzugeben.

Fragebogen und Lose waren Grau schraffiert und wurden mit einem hochwertigen Laserdrucker gedruckt. Durch herkömmliche Kopierer wurde dieses Muster deutlich verfälscht, so dass missbräuchliche Kopien von Fragebogen und Losen gegebenenfalls erkannt werden konnten.

Während der Erhebungszeit wurde wöchentlich per E-Mail nachgefasst und ein Zwischenstand über die Anzahl abgegebener Fragebögen angegeben. Schließlich kamen 44 ausgefüllte Fragebögen zurück. Bei 76 angeschriebenen Helfern ergibt sich damit eine Beteiligungsquote von 57,9%.

4.1.4 Datenanalyse

Die einzelnen Fragebögen wurden über eine, der Fragebogenstruktur entsprechenden Maske, in eine Tabellenkalkulation eingegeben. Dabei wurde ein Format verwendet, das von modernen Statistikprogrammen gelesen werden konnte, so dass eine Übertragung zur weiteren Datenanalyse kein Problem darstellt.

Der Befragungsprozess wurde an dieser Stelle als weitgehend abgeschlossen angesehen. Eine kurze Präsentation rein deskriptiver Ergebnisse wurde mit der Verlosungsveranstaltung des Gewinnspiels verbunden. Später wurden einzelne Items hinsichtlich ihrer augenscheinlichen Zusammenhänge zu einzelnen Kategorien zusammengefasst und auf deren Grundlage additive Indizes gebildet, die bestimmte Kennzahlen[28] repräsentieren sollten. Durch Auswertungen der Befragung auf Grundlage dieser Kennzahlen wurden im Nachhinein zwar einige Führungsentscheidungen unterstützt, eine umfassende Information der breiten Helferschaft blieb jedoch aus.

Neben den konkreten Ergebnissen der Inhalte, stellte sich bei einer Beteiligungsquote von 57,9% zudem die Frage, in wie weit die gewonnen Daten repräsentativ für die Grundgesamtheit waren, d.h. die gesamte aktive Helferschaft im Rettungsdienst und Krankentransport der Gliederung Greven. Seitens der Mitgliederverwaltung werden von jedem Mitglied Daten wie Lebensalter, Geschlecht, Dauer der Mitgliedschaft und Art der Beschäftigung erfasst. Diese Merkmale wurden in der Helferbefragung abgefragt. Auf diese Weise konnten durch Kenntnis aller angeschriebenen Mitglieder, beide Quellen hinsichtlich dieser Merkmale miteinander verglichen und Rückschlüsse auf die Repräsentativität gezogen werden.

---

[28] Die Konstruktion dieser Kennzahlen ist weder statistisch noch für die weitere Entwicklung der Helferbefragung relevant, weshalb auf eine Darstellung verzichtet wird.

Abbildung 4.1: Repräsentativität der Pilotbefragung.

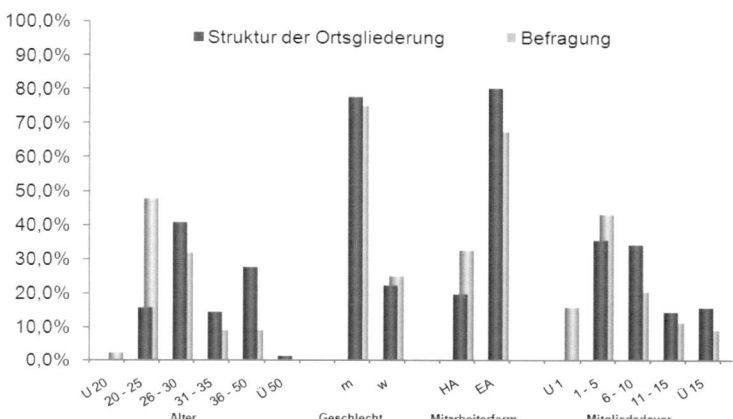

Quelle: eigene Berechnung.

Abbildung 4.2 zeigt die Verteilung der einzelnen Merkmale über alle befragten Helfer im Vergleich zu denjenigen, die einen Fragebogen ausgefüllt haben. Beim Merkmal „Alter" fällt auf, dass die Gruppe der 20 bis 25-Jährigen in der Befragung stark überrepräsentiert ist. Hier haben verhältnismäßig mehr Helfer dieser Altersgruppe an der Befragung teilgenommen als die Struktur der angeschrieben Helferschaft ausweist. Deutlich wird auch, dass dies auf Kosten der höheren Altersgruppen gehen musste, die in der Befragung jeweils entsprechend unterrepräsentiert sind.

Deutliche Abweichungen in der Struktur der Befragungsteilnehmer zur Grundgesamtheit finden sich ebenfalls bei den übrigen Merkmalen. Lediglich hinsichtlich des Geschlechts wird die Grundgesamtheit durch die Befragung einigermaßen gut repräsentiert.

Auffällig ist, dass gut 15 % der Befragten eine Mitgliedsdauer unter einem Jahr angaben, anhand der Daten der Mitgliederverwaltung aber solche Mitglieder nicht existieren. Das gleiche Bild zeigt sich bei der Angabe des Alters unter 20 Jahren. Diese Phänomene können beispielsweise dadurch zustande gekommen sein, dass die Daten der Mitgliederverwaltung zu einem späteren Zeitpunkt erhoben wurden als die Befragung oder diese nicht vollständig sind. Andererseits könnte es auf Grund einer falschen Einschätzung dieses Merkmals durch die Befragten zu solchen Verzerrungen gekommen sein. Dies gilt insbesondere bei der Dauer der Mitgliedschaft. Unter Umständen kennen viele Helfer ihre genaue Mitgliedsdauer gar nicht, so dass diese Werte nur geschätzt werden.

4.1.5 Diskussion und kritische Würdigung

Trotz erheblicher Schwächen, bildet die vorgestellte Befragung in idealer Weise die Grundlage für die Entwicklung einer standardisierten und universellen, also in jeder Gliederung einsetzbaren, Helferbefragung. Dabei soll die gewonnene Erfahrung bei der Durchführung einer derart umfangreichen Befragung der Helferschaft, zur Optimierung der aktuellen Helferbefragung beitragen. Was lässt sich aus dem dargestellten Befragungsprozess ableiten?

Als durchaus erfolgreich muss trotz fehlender Repräsentativität zunächst die Beteiligung der Befragung bewertet werden. Die durchgeführten Maßnahmen und die Positionierung im Vorfeld der Befragung scheinen einen erheblichen Einfluss auf die Beteiligung ausgeübt zu haben. Der ehrenamtliche Kontext der Helferbefragung stellt an die Positionierung im Vorfeld besondere Ansprüche. Wenn ehrenamtliche Tätigkeit durch höhere und komplexere Motive respektive Bedürfnisse induziert wird, die sehr stark mit der Organisationsstruktur verwoben sind, werden die meisten Helfer, die ein gewisses Maß an ehrenamtlicher Aktivität ausweisen, unter Umständen nur schwer von der Notwendigkeit einer Helferbefragung im Sinne der Organisationsentwicklung zu überzeugen sein. Die bestehende Organisationsstruktur führt in einem solchen Fall bereits zur Befriedigung dieser individuellen Bedürfnisse. Die Verknüpfung mit einem Gewinnspiel hat sich dabei als gute Möglichkeit herausgestellt, die Beteiligung an der Befragung stark zu erhöhen.

Die größtmögliche Vertraulichkeit war zu jedem Zeitpunkt durch die Beteiligung der Vertreter der aktiven Helferschaft sichergesellt. Bei den Vertretern der aktiven Helferschaft handelt es sich um Wahlämter, die von der Ortsleitung nicht beeinflusst werden können und die ausschließlich den aktiven Helfern gegenüber verpflichtet sind. Diese Position, die innerhalb der Ortsgliederungen mit jeweils einer Helferin und einem Helfer besetzt wird, ist daher ideal für die Umsetzung der Helferbefragung beim Malteser Hilfsdienst. Zusammen mit einem Berater, der über die nötigen methodischen Kenntnisse verfügt, bündelt ein solches Team ideale Voraussetzungen; nicht zuletzt für die erforderliche enge Zusammenarbeit mit der Ortsleitung.

Der Einbezug aller Helfer bei der inhaltlichen Gestaltung war ein weiterer Vorteil dieser Befragung. Diese Vorgehensweise kommt durch die geführten Interviews einer qualitativen Untersuchung nahe (Schultz-Gambard & Bungard 1997: 115), die vielfach auf Grund knapper Zeit- und Geldressourcen nicht umsetzbar ist (Neugebauer 2003: 19). Durch diese Methode kann die Relevanz der Befragung für die Organisation und damit für befragte Helferschaft erheblich gesteigert werden.

Hinsichtlich der Planung, Vorbereitung und Durchführung war diese Helferbefragung bereits gut umgesetzt. Mängel sind dagegen bei den Folgeprozessen auszumachen. Die größte Schwäche der Befragung war, dass der erfolgreich aufgebaute Dialog mit den Helfern bereits nach der Datenerhebung wieder eingestellt wurde. Gerade dieses Moment der Kommunikation muss das Instrument der Helferbefragung nutzen, um aufbauend auf einer umfassenden Ergebnisdiskussion Interventionsprozesse in Gang zu bringen (Borg 2000: 35ff.).

Hinderlich war daran, dass die damalige Datenanalyse nicht über eine deskriptive Auswertung hinausging. Zumeist wurde lediglich das Antwortverhalten einzelner Fragen interpretiert und gewissermaßen „gedanklich-qualitativ" auf bestehende Zusammenhänge geschlossen. Neben den fehlenden methodischen Kenntnissen, war der Fragebogen für eine problemlose Analyse zu umfangreich und ließ geeignete Strukturen vermissen. Das Instrument ist in dieser Form für eine allgemeine Helferbefragung beim Malteser Hilfsdienst nicht geeignet, zumal mehr als die Hälfte der Items ausschließlich zur Erfassung spezieller, zum damaligen Zeitpunkt relevanter Problemfelder der Ortsgliederung Greven konstruiert sind.

4.2 Anlässe zur Helferbefragung beim Malteser Hilfsdienst

Im Verlauf dieser Arbeit wurden bereits verschiedene Gründe genannt, die Anlässe zur die Durchführung von Mitarbeiterbefragungen geben. In Non-Profit-Organisationen wie dem Malteser Hilfsdienst lassen sich diese allgemeinen Anlässe durch Weitere ergänzen.

4.2.1 Helfermotivation

Ein Grundlegendes Problem, dass vermutlich alle Organisationen mit vorrangig ehrenamtlich Tätigen teilen, ist die Motivation ihrer Helfer. Auch der Malteser Hilfsdienst muss Helfer für Sicherstellung seiner Aufgaben finden und in der Organisation halten können. Anhand der unterschiedlichen Motive ehrenamtlicher Tätigkeit wird deutlich, dass es sich vorrangig um höhere Bedürfnisse wie Zugehörigkeits- oder Wachstumsbedürfnisse handelt, die durch die Tätigkeit befriedigt werden sollen (vgl. Kapitel 3.4). Auf Grund der Frustrations-Regressionshypothese im Rahmen Alderfer's (1972) ERG-Theorie ist dementsprechend mit einer sukzessiven Niederlegung der ehrenamtlichen Tätigkeit zu rechnen, wenn sich diese Bedürfnisse durch die Tätigkeit nicht mehr befriedigen lassen. Dies ist als wichtiger Unterschied zu angestellten Mitarbeitern kommerzieller Unternehmen zu sehen, die bei Frustration solcher höheren Bedürfnisse zwar unzufrieden mit ihrer Tätigkeit werden, diese aber auf Grund der erfolgreichen Befriedigung ihrer Existenzbedürfnisse, durch die Lohnzahlung, nicht zwangsläufig aufgeben werden.

Durch die Durchführung einer Helferbefragung kann mehr über Einstellungen und Bedürfnisse der Helfer in Erfahrung gebracht werden, um eventuelle Hindernisse bei der Bedürfnisbefriedigung abzubauen.

Gleichzeitig ist stellt die besondere Motivationslage der Helfer eine mögliche Ursache für Verzerrungseffekte dar. Typischerweise werden zufriedenere Helfer tendenziell häufiger an der Befragung teilnehmen als die zunehmend Demotivierten, die unter Umständen bereits „innerlich gekündigt" haben und ein Verlassen der Organisation planen. Diese spezielle Form des *Non-Response Bias* (Fowler 2002) bei der Befragung Ehrenamtlicher verringert die Repräsentativität und führt zu einer Überschätzung der allgemeinen Zufriedenheit.

Hinweise für die Existenz solcher Verzerrungen liefert Goyder (1987), der zeigen konnte, dass gerade diejenigen Mitarbeiter häufiger an Befragungen teilnehmen, die stärker in die Organisation involviert[29] waren. Die Untersuchung dieser Hypothese im ehrenamtlichen Kontext wäre eine Interessante Aufgabe. Ohne Klärung der Existenz und Stärke dieses Effektes, sollten stark positive Ergebnisse einer Befragung kritisch bewertet werden. Grundsätzlich ist zu bedenken, dass gravierende Probleme mit der Helfermotivation eventuell nicht erkannt werden, weil die wirklich demotivierten Helfer erst gar nicht an der Befragung teilnehmen.

4.2.2 Qualifikationsanforderungen

Für viele Tätigkeitsfelder existieren mittlerweile organisationsinterne Standards oder sogar gesetzliche Regelungen hinsichtlich der Qualifikation des durchführenden Personals. Dabei spielt es keine Rolle ob es sich um haupt- oder ehrenamtliche Tätigkeiten handelt. Mit der zunehmenden Privatisierung und der Übernahme gemeinnütziger Aufgaben durch privatwirtschaftliche Unternehmen wird das Qualifikationsniveau – neben dem Preis – zudem ein wichtiges Durchsetzungskriterium gegenüber der Konkurrenz. So stehen Non-Profit-Organisationen heute immer öfter einer starken privatwirtschaftlichen Konkurrenz gegenüber.

Immer mehr ehrenamtliche Tätigkeitsfelder, beispielsweise der Rettungsdienst und Krankentransport oder die Pflege alter und kranker Menschen, werden dadurch in ihrer Existenz bedroht, da die geforderte Ausbildung mit der Zeitinvestition der Helfer nicht mehr zu vereinbaren ist. Hinzu kommt, dass die Organisationen vermehrt dazu übergehen, eigene Ausbildungsstandards, auf Grund des hohen Konkurrenzdrucks zu definieren und Fremdausbildungen nicht mehr anzuerkennen. Beim Malteser Hilfsdienst wird dies durch die Einführung des Qualitätsmanagements nach DIN EN ISO 9001 deutlich. Neben der Einhaltung rechtlicher Grundlagen und geltender Gesetze werden in diesem Rahmen zunehmend Verfahrensanweisungen und Standards definiert, nach welchen die Tätigkeiten durchzuführen sind. Um diese Qualitätsstandards zu belegen und sich gegenüber der Konkurrenz zu behaupten, wird die Umsetzung

---

[29] Goyder (1987) spricht von *Involvement*. Als Indikatoren für *Involvement* führt er die Dauer der Organisationszugehörigkeit sowie die erreichte Position der Mitarbeiter innerhalb dieser an (vgl. auch Trefz 2004).

in den entsprechenden Tätigkeitsfeldern regelmäßig durch so genannte Audits überprüft und der Erfolg zertifiziert.

Zwangsläufig entstehen dadurch Probleme innerhalb der ehrenamtlichen Struktur. Der dritte Leitsatz des Malteser Hilfsdienstes lässt sich zunehmend schwerer verwirklichen. Konflikte zwischen haupt- und ehrenamtlichem Personal nehmen zu, da sich das hauptamtliche Personal zum Teil als qualifizierter und professioneller versteht.[30] Nicht zuletzt müssen die Aus-, Fort- und Weiterbildungsangebote immer besser auf die individuellen Bedürfnisse der Ehrenamtlichen abgestimmt sein (vgl. Schüll 2003: 70).

Das Qualifikations- und Bildungsprogramm des Malteser Hilfsdienstes kann diese zunehmende Kluft zwischen steigenden Qualifikationsanforderungen und den individuellen Bedürfnissen Ehrenamtlicher, bei gleichzeitig begrenzter Zeitflexibilität, nur im engen Dialog mit der Helferschaft überwinden.

4.2.3 Führungsstruktur

Motive für die Arbeit der Helfer liegen nicht ausschließlich in der Tätigkeit selbst. Die Wenigsten wollen „einfach nur ihre Arbeit machen". Wachstums- und Selbstverwirklichungsbedürfnisse bedingen einem großen Spielraum für die Ausübung der Tätigkeit. Zum einen soll die Organisation zwar die Interessen der Helfer vertreten, zum anderen wollen diese als mündig und gleichberechtigt anerkannt werden und verlangen einen möglichst großen Spielraum für die eigene Entwicklung; ohne Kontrolle und Vorgaben. Demnach ist der soziale und damit wirtschaftliche Erfolg der Personalführung in Non-Profit-Organisationen ist daran zu messen, in wie weit sie ihren Mitgliedern ermöglicht, wichtige Belange der Organisation selbst mitzugestalten (Domsch & Siemers 1995: 39).

Da der Malteser Hilfsdienst als Bundesverband zentral organisiert ist, sind die meisten Führungspositionen keine demokratisch legitimierten Wahlämter sondern Berufungsämter. Gerade diese Tatsache darf sich nicht hinderlich oder

---

[30] Diese Behauptung könnte durch ein gewisses Rechtfertigungsdefizit hauptamtlicher Mitarbeiter in ehrenamtlich dominierten Organisationen unterstützt werden. Bei zunehmendem wirtschaftlichem Druck könnten ehrenamtlich Tätige im gleichen Aufgabenfeld als Konkurrenz zum hauptamtlichen Arbeitsplatz gesehen werden, sofern sie gleiche Leistungen zu kaum nennenswerten Personalkosten erbringen. Die hauptamtlichen Mitarbeiter müssten also eine höhere Qualität ihrer Arbeitsleistung gegenüber den Ehrenamtlichen postulieren, um ihre Anstellung zu rechtfertigen.

verlangsamend auf die Innovationsbereitschaft auswirken. Führungskräfte sind auf umfassende Informationen der Interessens- und Bedürfnislagen der jeweiligen Untergliederungen angewiesen. Umgekehrt müssen die Untergliederungen verständlich über die Ziele und Interessen des Gesamtverbandes informiert werden.

Eine Helferbefragung im hier verstandenen Sinne kann diese Maßnahmen sinnvoll unterstützten. Durch eine standardisierte Umsetzung können einzelne Untergliederungen und Organisationsbereiche gezielt miteinander verglichen werden, um wichtige Informationen über Interessen, Werte und Einstellungen der Helferschaft zu erhalten. Umgekehrt lässt sich der Prozess der Helferbefragung durch Auftau- und Einbindungsmomente (Borg 2000: 22f.) für umfangreiche Informations- und Innovationsprojekte von allen Ebenen aus, bis in die einzelne Untergliederung hin nutzen. Im Idealfall können auf diese Weise alle Helfer aktiv in die Organisationsgestaltung mit einbezogen werden und sich ihrerseits neue Möglichkeiten für Selbstverwirklichung und Wachstum erschließen.

4.2.4 Organisationskultur

Will die Organisation regelmäßig neue Helfer für ehrenamtliche Tätigkeiten gewinnen, muss sie in der Lage sein, entsprechend nachgefragte Bedürfnisse zu befriedigen. Die Voraussetzungen dazu liegen in der Organisationskultur[31].

Jede Organisation steht in diesem Zusammenhang allerdings vor einer weiteren, nicht unerheblichen Diskrepanz: Weil sich Werte und Selbstverständnisse und somit auch Bedürfnisse einzelner Bevölkerungskohorten mit den Jahren verändern, sollte die Organisationskultur möglichst flexibel erscheinen, um attraktiv für potentielle Helfer zu sein. Dem entgegen steht die typische Aufgabe von Organisationen, selbst Träger von Werten zu sein, denen sie allgemeine Gültigkeit zusprechen. Nur durch eine gewisse Konstanz dieser Wertvorstellun-

---

[31] Marshall & McLean (1985) definieren die Organisationskultur als „collection of traditions, values, policies, beliefs and attitudes that constitute a pervasive context for everything we do and think in an organisation" und proklamieren die Schwierigkeiten der Erfassung und des Managements. Andere Autoren sind der Meinung, Organisationskultur lasse sich prinzipiell überhaupt nicht messen und kontrollieren, weil sie durch unbewusste Prozesse entstehen (Krefting & Frost 1985; Schein 2003). Für die Verwendung in dieser Arbeit soll dem Begriff der Organisationskultur keine strenge wissenschaftliche Definition zugrunde gelegt werden, sondern auf das eher intuitive Verständnis hingewiesen werden.

gen und damit der Organisationskultur wird es gelingen, bestehende Mitglieder dauerhaft an die Organisation zu binden.[32]

Dass auch der Malteser Hilfsdienst diese Brücke zwischen Tradition und Erneuerung zu schlagen versucht, wird durch den zweiten Leitsatz der Malteser deutlich: „Wir sind aus Tradition modern" (Deutsche-Malteser-gGmbH 2008a). Gleichzeitig unterstreichen die Leitsätze „Malteser ist man nicht allein" und „Unsere Hilfe ist im Namen des Herrn" (Deutsche-Malteser-gGmbH 2008a) die sozialen und religiösen Grundwerte der Organisation.

Gefährlich für das eigene Selbstverständnis kann es werden, wenn ein Großteil der eigenen Mitglieder einer solchen Organisation diese Grundwerte nicht mehr in erwartetem Maße nachfragen (Fehmer 2004). Eine kontinuierliche Helferbefragung kann hier zu einem wichtigen Frühwarnsystem werden und mit Hilfe geeigneter Folgeprozesse – durch sich selbst heraus – unerwünschten Entwicklungen entgegenwirken.

4.3 Konstruktion eines standardisierten Helferfragebogens

Nachdem Ziele und Nutzen einer Helferbefragung allgemein, innerhalb von Non-Profit-Organisationen und speziell beim Malteser Hilfsdienst erarbeitet wurden, geht es nun darum die relevanten Inhalte für eine solche Befragung zu definieren und ein geeignetes Instrument zu entwickeln, mit dem sich diese Inhalte abfragen lassen.

Aus den bisherigen theoretischen Ausführungen und den Ergebnissen der Pilotbefragung lassen sich insgesamt sieben Analysefelder ableiten, die hinreichend relevant für die ehrenamtliche Struktur des Malteser Hilfsdienstes erscheinen. Durch eine weitere thematische Ausdifferenzierung der einzelnen Analysefelder ergibt sich die inhaltliche Struktur des Fragebogens.

Für jedes Teilgebiet der einzelnen Analysefelder müssen geeignete Items gefunden werden. Um eine hohe Varianz bei der späteren Item-Analyse sicher-

---

[32] Häufig wird von einem Verfall von Werten gesprochen. Gerade Mitglieder stark traditioneller und konservativer Organisationen empfinden, die immer schnellere Veränderung von Wertvorstellungen der heutigen Gesellschaft häufig als Wertverlust und schließen sich deshalb diesen Organisationen an. Hentig (1999) behandelt in einem Aufsatz diesen vermeintlichen „Werteverfall" der Gesellschaft und kommt unter anderem zu dem Schluss, dass Werte genuin zwar nicht verfallen jedoch anders bewertet werden können und dies entsprechende Konsequenzen nach sich zieht.

zustellen, sollten grundsätzlich mehrere, inhaltlich gleiche Items erstellt werden (Schnell, Hill & Esser 1999: 173). Dementsprechend wurden jedem Teilgebiet mindestens zwei Items zugeordnet, die auf Grund des speziellen Bezugs zum Malteser Hilfsdienst weitgehend neu formuliert wurden. Teilweise unter Vorlage der Pilotbefragung, teilweise unter Zuhilfenahme einschlägiger Literatur. Die Item-Konstruktion orientiert sich grundsätzlich an den dargestellten Regeln der Frageformulierung (vgl. Kapitel 2.6.2; sowie Porst 2000: 2; Borg 2000: 79ff.; Ganserer & Große-Peclum 1995: 108).

Tabelle 4.2: Struktur der Helferbefragung.

Analysefeld	Anzahl der Items
Tätigkeitsbedingungen	18
Tätigkeitsempfinden	15
Aus-, Fort- und Weiterbildung	16
Führungsstruktur	10
Vereinskultur	16
Persönlichkeit	12
Spezielle Kennzahlen	34
GESAMT	121

Quelle: eigene Darstellung.

Die Antwortskala besteht aus einer fünf-stufigen Ratingskala (Bortz & Doering 2006: 176ff.), um den Befragten eine mittlere Kategorie anzubieten und eine ausreichende Datenqualität[33] für die spätere Auswertung zu erhalten. Es kann von „trifft voll zu" bis „trifft gar nicht zu" abgestuft werden. Die mittlere Kategorie wird als „teils/teils" bezeichnet, kann jedoch auch als „weiß nicht" interpretiert werden, wenn die Befragten sich nicht zwischen den beiden Ausprägungsrichtungen entscheiden können.

Inhalt und Item-Struktur der sieben Analysefelder soll nun im Einzelnen vorgestellt werden.

---

[33] Ratingskalen in fünffacher Abstufung erfüllen grundsätzlich nur die Bedingungen für das Ordinalskalenniveau. Das heißt es lassen sich mit solchen Skalen zwar gerichtete Wertigkeiten unterscheiden, diese stehen jedoch nicht unbedingt in gleichen Abständen (äquidistant) zueinander – als eine Bedingung für das Intervallskalenniveau. Aus diesem Grund ist die Anwendung von so genannten parametrischen Tests, die in der Regel Intervallskalenniveau voraussetzen, mit Ratingskalen umstritten. In der Praxis ist es jedoch ein übliches Verfahren und wird typischerweise bei fünf-stufigen Ratingskalen als gültig anerkannt (Bortz & Doering 2006: 181f.).

4.3.1 Analysefeld Tätigkeitsbedingungen

Das Analysefeld *Tätigkeitsbedingungen* soll allgemeine Bedingungen der ehrenamtlichen Tätigkeit erfassen. Dazu zählen das Arbeitsumfeld also der Zustand von Gebäude, Fahrzeugen und Geräten, die für die Tätigkeiten genutzt werden, das vorhandene Informationssystem, die Zusammenarbeit mit Kolleginnen und Kollegen sowie der Umgang mit Kritik.

Tabelle 4.3: Struktur des Analysefeldes Tätigkeitsbedingungen.

Inhaltliche Gliederung	Anzahl der Items
Rahmenbedingungen	2
Unterkunft / Dienststelle	2
Fahrzeuge / Fuhrpark	2
Informationssystem	2
Umgang mit Kritik	2
Material / Geräte	2
Sauberkeit	2
Aufwandsentschädigung	2
Zusammenarbeit	2
GESAMT	**18**

Quelle: eigene Darstellung.

Beispielitems:

a) „Unsere Unterkunft ist gut ausgestattet"

b) „Beim *** habe ich Zugang zu allen Informationen, die ich für meine Tätigkeit benötige"

c) „Beim *** verstehen wir uns als Team"

4.3.2 Analysefeld Tätigkeitsempfinden

Beim Analysefeld *Tätigkeitsempfinden* geht es um die Wahrnehmung der eigenen Tätigkeit und deren Kontext. Dabei werden Facetten der Tätigkeit erfasst, die mutmaßlich in einem Zusammenhang zu den dahinterliegenden Motiven und Bedürfnissen stehen. Hinsichtlich der sozialen Bedürfnisse sind das zum Bespiel Anerkennung, Fairness und Klima. Hinsichtlich der Wachstumsbedürfnisse dagegen Tätigkeitsinhalt, Entscheidungsfreiheit und Selbstverwirklichung. Darüber hinaus wird die Gesamtzufriedenheit mit der Organisation, der eigenen Position und Tätigkeit abgefragt.

Tabelle 4.4: Struktur des Analysefeldes Tätigkeitsempfinden.

Inhaltliche Gliederung	Anzahl der Items
Anerkennung	2
Tätigkeitsinhalt	2
Klima	2
Fairness	2
Zufriedenheit	3
Entscheidungsfreiheit	2
Selbstverwirklichung	2
GESAMT	15

Quelle: eigene Darstellung.

Beispielitems:

a) „Meine Tätigkeit beim *** empfinde ich als sinnvolle Aufgabe"

b) „Alles in Allem bin ich sehr zufrieden mit meiner Tätigkeit beim ***"

c) „Ich kann meine Tätigkeit beim *** nach eigenen Wünschen und Vorstellungen durchführen"

4.3.3 Analysefeld Aus-, Fort- und Weiterbildung

Durch das Analysefeld *Aus-, Fort- und Weiterbildung* soll das Bildungsprogramm des Malteser Hilfsdienstes erfasst werden. Dabei werden sowohl präskriptive Elemente wie Existenz, Umfang und Attraktivität des Angebots, die eingeschätzte Effektivität und das Empfinden der Tätigkeitseinweisung abgefragt als auch eher deskriptive Kriterien in denen sich das Bildungsangebot niederschlagen soll, beispielsweise die Einschätzung der Selbst- und Kollegenkompetenz und der empfundene Überforderungsgrad.

Tabelle 4.5: Struktur des Analysefeldes Aus-, Fort- und Weiterbildung.

Inhaltliche Gliederung	Anzahl der Items
Angebot	2
Nützlichkeit	2
Attraktivität	2
Qualifikationsstruktur / Kompetenz	4
Tätigkeitseinweisung	2
Überforderung	4
GESAMT	16

Quelle: eigene Darstellung.

Beispielitems:

a) „Das Aus-, Fort- und Weiterbildungsangebot beim *** ist nützlich für meine Tätigkeit"

b) „Ich finde das Aus-, Fort- und Weiterbildungsangebote beim *** ist interessant"

c) „Die Helfer beim *** sind für ihre Tätigkeit gut ausgebildet"

d) „Ich fühle mich teilweise[34] unsicher bei meiner Tätigkeit"

4.3.4 Analysefeld Führungsstruktur

Die *Führungsstruktur* wird anhand der Bewertung der eigenen Mitbestimmungsmöglichkeiten und der wahrgenommen Unterstützung durch die direkten Führungskräfte abgebildet. Außerdem werden die eingeschätzte Leistung und das Vertrauen in die Vertreter der aktiven Helferschaft und zu den Mitgliedern des Führungskreises abgefragt.

Tabelle 4.6: Struktur des Analysefeldes Führungsstruktur.

Inhaltliche Gliederung	Anzahl der Items
Unterstützung	2
Mitbestimmung	2
Führungskreis	3
Helfervertretung	3
GESAMT	10

Quelle: eigene Darstellung.

Beispielitems:

a) „Die Führungskräfte beim *** unterstützen mich aktiv in meiner Tätigkeit"

b) „Bei Entscheidungen beim *** wird die Helferschaft zu wenig gefragt"

c) „Unser Orts-Führungskreis leistet gute Arbeit"

4.3.5 Analysefeld Vereinskultur

Mit dem Analysefeld *Vereinskultur* soll die erlebte Stimmung innerhalb der Organisation, das Vereins- und Gemeinschaftsgefühl erfassbar werden. Dem

---

[34] Prinzipiell sollten beim Angebot einer Ratingskala keine Quantifikationspartikel oder Adverbiale wie teilweise, manchmal, immer, oft, häufig, etc. verwendet werden, da dies über die Skala selbst abgefragt wird (Bühner 2004). Auf Grund immer wieder angesprochener Verzerrungseffekte bei Mitarbeiter- und Helferbefragungen soll jedoch mit Hilfe solcher Relativierungen bei bestimmten Formulierungen einer zu positiven Tendenz und sozialer Erwünschtheit entgegengewirkt werden.

Malteser Hilfsdienst ist in diesem Kontext eine bedeutsam erlebte Aufnahme in die Organisation und die Einstellung zu Religion und christlich-sozialen Werten ein besonderes Anliegen. Hinzu kommen Größen wie Freundschaft, die eigene Integration in die Gemeinschaft, das Image und die Sicht auf die zukünftige Entwicklung der Organisation.

Tabelle 4.7: Struktur des Analysefeldes Vereinskultur.

Inhaltliche Gliederung	Anzahl der Items
Aufnahmeerleben	2
Freundschaft	2
Gemeinschaft / Vereinsleben	2
Integration	2
Image	2
Religion / Glaube	2
Vereinsentwicklung	2
Werte der Malteser	2
GESAMT	**16**

Quelle: eigene Darstellung.

Beispielitems:

a) „Ich wurde beim *** in einem besonderen Rahmen aufgenommen"

b) „Ich fühle mich in die Gemeinschaft beim *** integriert"

c) „Ich habe durch meine Mitgliedschaft beim *** gute Freunde gefunden"

d) „Der christliche Glaube hat einen Stellenwert in meinem Leben"

e) „Die Werte der Malteser sind beim *** gut erfahrbar"

4.3.6 Analysefeld Persönlichkeit

Eine Besonderheit stellt das Analysefeld *Persönlichkeit* dar. Primäres Ziel ist dabei die Messung der typischen Persönlichkeitsmerkmale *Extraversion*, *Gewissenhaftigkeit*, *Neurotizismus*, *Offenheit* und *Verträglichkeit* nach dem als „BigFive" bekannten NEO-Fünf-Faktoren-Inventar (Costa & McCrae 1992; Borkenau & Ostendorf 1993). Der große Vorteil dieses Inventars ist seine leichte Verständlichkeit bei gleichzeitig großer Bandbreite. Es eignet sich ideal für eine grobe aber vollständige Erfassung individueller Persönlichkeitsunter-schiede.

Aus ökonomischen Gründen können nicht alle 60 Items des Standardfragebogens zur Erfassung dieser Persönlichkeitsmerkmale übernommen werden. Um dennoch eine Messung zu ermöglichen wurden zur Repräsentation der Merkmale je zwei Items in die Helferbefragung aufgenommen, die einerseits inhaltlich-augenscheinlich, andererseits durch entsprechend hohe Faktorladungen[35] geeignet erschienen. Obwohl die Güte einer Messung durch solche Reduktionen erheblich verändert wird und diese damit hinsichtlich Gültigkeit und Zuverlässigkeit stark in Frage zu stellen ist, reichen diese Verfahren häufig für eine tendenzielle Abbildung der Konstrukte aus (Lang & Lüdtke 2005).

Darüber hinaus wird die *Allgemeine Zufriedenheit* der Helfer durch zwei weitere Items in diesem Analysefeld abgefragt. Allgemeine Formen der Zufriedenheit werden häufig im Zusammenhang mit der Arbeitszufriedenheit (Büssing, Herbig, Bissels & Krüsken 2006) untersucht und stehen auch in einer gewissen Dependenz zur Persönlichkeit (Wieland, Krajewski & Memmou 2006). Da dies deshalb auch wesentlich für den ehrenamtlichen Kontext sein könnte, soll die *Allgemeine Zufriedenheit* durch die Einschätzung des eigenen Glückempfindens und der Gesamtzufriedenheit im Leben erfasst werden.

Tabelle 4.8: Struktur des Analysefeldes Persönlichkeit.

Inhaltliche Gliederung	Anzahl der Items
Extraversion	2
Gewissenhaftigkeit	2
Allgemeine Zufriedenheit	2
Neurotizismus	2
Offenheit für Erfahrungen	2
Verträglichkeit	2
GESAMT	12

Quelle: eigene Darstellung.

Beispielitems:

a) „Ich bin manchmal schüchtern und gehemmt"

b) „Ich plane oft sehr genau was ich tue"

---

[35] Die Faktorladung gibt im Rahmen der Faktorenanalyse die Korrelation zwischen einem einzelnen Item und dem hinter einer Gruppe von ähnlichen Items liegenden Faktor an. Er kann damit als Wert interpretiert werden, dessen Höhe die Repräsentativität des Items für den Faktor beschreibt. Da ich von einer weitgehenden Kenntnis der Methodik ausgegangen wird, soll für diese und weitere Grundbegriffe der Faktorenanalyse neben Kapitel 5 dieser Arbeit, auf die einschlägige Literatur zur Forschungsmethodik verwiesen werden (Bortz 2006; Rost 1996; Backhaus, Erichson, Plinke & Weiber 2006).

c) „Ich bin vielseitig interessiert und probiere gerne etwas Neues"

4.3.7 Analysefeld Spezielle Kennzahlen

Schließlich sollten noch weitere Eigenschaften erfasst werden, die sich direkt keinem der bisher genannten Analysefelder zuordnen lassen. Auf Grund ihres eher dichotomen Charakters kann man diese Eigenschaften auch als Kennzahlen bezeichnen. Bei der gezielten Frage, ob man neben dem Malteser Hilfsdienst für andere Organisationen ehrenamtlich tätig ist (Fremdaktivität) oder über bestimmte Informationen verfügt (Informationsgrad), ist die angebotene Antwortskala mit fünf Abstufungen wenig sinnvoll. Hier ist es zweckmäßiger nur zwischen Zustimmung und Ablehnung zu unterscheiden. Das gilt im Grunde auch für Eigenschaften wie die konkrete Planung der Aufgabe der ehrenamtlichen Tätigkeit (Demotivation), dem Auftreten von Mobbing, der Angabe der eigenen Belastung und Zeitinvestition, der Bindung und dem Ausschöpfungsgrad.

Damit die Antwortskalen nicht ständig wechseln, wird die fünf-stufige Ratingskala für die Kennzahlenitems im Fragebogen jedoch beibehalten. Für die Beantwortung der Fragen sollte das kein Problem darstellen, allerdings ist bei der Analyse und Auswertung dieser Daten unter Umständen auf ein logisches Vorgehen zu achten. Beispielsweise wird die Berechnung und Darstellung von Maßen der zentralen Tendenz, wie Median und Mittelwert, für diese Kennzahlen nicht unbedingt sinnvoll sein.

Tabelle 4.9: Struktur des Analysefeldes Spezielle Kenzahlen.

Inhaltliche Gliederung	Anzahl der Items
Motivation	4
Belastung	6
Bindung	6
Fremdengagement	2
Informationsgrad	6
Innovation	2
Ausschöpfungsgrad	2
Mobbing	2
Zeitinvestition	2
Identifikation	2
GESAMT	**32**

Quelle: eigene Darstellung.

Beispielitems:

a) „Ich überlege ernsthaft, aus dem *** auszutreten"
b) „Es ist mit wichtig meine ehrenamtliche Tätigkeit für den Malteser Hilfs-dienst auszuüben"
c) „Ohne ehrenamtliche Tätigkeit würde mir etwas in meinem Leben fehlen"
d) „Neben meinen Tätigkeiten beim Malteser Hilfsdienst bin ich noch in an-deren Vereinen/Bereichen ehrenamtlich tätig"
e) „Meine Tätigkeit beim *** belastet mich gesundheitlich"
f) „Ich kenne die Geschichte der Malteser"
g) „Wenn mir etwas beim *** nicht gefällt, bemühe ich mich, dass es ver-bessert / geändert wird"
h) „Ich wurde in den letzten 12 Monaten beim *** gemobbt"

4.4 Aufbau und Endreaktion des Fragebogens

Die insgesamt 121 Items der sieben Analysefelder bilden den inhaltlichen Kern des Fragebogens (vgl. Fragebogen im Anhang III). Hinzu kommen Fragen zu typischen demographischen Merkmalen; so genannten Fragen zur Statistik. Neben Standards wie Lebensalter und Geschlecht sind im Kontext des Malteser Hilfsdienstes spezifische Daten zur Mitgliedschaft und zum Tätigkeitsfeld wichtig, weil sie die Auswertung von Teilgruppen ermöglichen. Darüber hinaus bilden sie die Grundlage für die Schätzung der Repräsentativität einzelner Erhebungen.

Alle Fragen zur Statistik werden zu Beginn, auf der ersten Seite der Helferbe-fragung gestellt, nachdem anhand einer kurzen Einleitung noch einmal der höchst vertrauliche Umgang mit den erhobenen Daten versichert wird. Die Fragen verstehen sich daher auch als Aufwärmphase für die Befragung, da sie leicht verständlich sind und ihre Beantwortung keine hohen Anforderungen an die Befragten stellt.

Um später nach unterschiedlichen Tätigkeiten differenzieren zu können, sollen die Helfer ihre Aktivität in den einzelnen fünf Aufgabenfeldern des Malteser Hilfsdienstes in Form einer Prozent-Summenskala einschätzen. Jedem Teilgebiet kann entsprechend der eigenen Aktivität ein Prozentwert zugewiesen werden; die Summe aller Aktivitäten eines Mitglieds beträgt immer 100%, unabhängig vom tatsächlichen Umfang. Für jedes Mitglied ergibt sich dadurch ein individuelles Tätigkeitsprofil.

Außerdem werden die Motiven für das ehrenamtliche Engagement ebenfalls über eine Prozent-Summenskala abgefragt. Im Anschluss daran sollen die Helfer einschätzen, wie wichtig ihnen bestimmte Kriterien im Kontext ihrer Tätigkeit sind.

Schließlich folgen die Items der Analysefelder. Da zu jedem einzelnen Teilgebiet mindestens zwei Items formuliert wurden, können zwei Item-Gruppen (Testhälften) mit prinzipiell gleichem Inhalt gebildet werden und nacheinander im Fragebogen präsentiert werden. Ein solches Vorgehen ermöglicht die Einschätzung der Reliabilität anhand der Testhalbierungsmethode, indem die Korrelation zwischen den beiden Testhälften bestimmt wird (s. Kapitel 5).

Um eine Problemanalyse zu ermöglichen, die über den standardisierten Teil hinausgeht, kann die Befragung um spezielle Items erweitert werden. Es können konkrete Fragen formuliert werden, die zum Zeitpunkt der Befragung und hinsichtlich der befragten Helferschaft relevant erscheinen. Hierfür ist allerdings – einem angemessenen Umfang entsprechend – nicht mehr als eine Seite des Fragebogens vorgesehen. Außerdem sollten die Fragen vorzugsweise Format und Antwortskala der Standarditems beibehalten oder aber offen gestellt sein. Eine Kombination beider Frageformen ist denkbar.

Die letzte Seite des Fragebogens, bietet die Möglichkeit allgemeine Anmerkungen zu verfassen und schließt mit einer obligatorischen Dankesformel und dem Hinweis auf das Enddatum der Erhebungsphase.

Bei der Gestaltung des Fragebogens wurde auf ein ansprechendes und ökonomisches Design geachtet. Zur Auswahl eines geeigneten Layouts wurden mehrere Versionen von insgesamt zehn Testpersonen aus Reihen der Helferschaft hinsichtlich Verständlichkeit, Attraktivität und Übersichtlichkeit bewertet. Abschließend wurde der fertige Fragebogen von diesen Testpersonen versuchsweise ausgefüllt und letzte inhaltliche Anpassungen vorgenommen.

5 Hauptuntersuchung und Ergebnisse

Nachdem die Voraussetzungen geschaffen wurden und der Fragebogen konstruiert ist, soll die Qualität der Helferbefragung anhand der formulierten Gütekriterien überprüft werden. Hierzu wird zuerst die Form der Datenerhebung und die damit verbundene Positionierung der Helferbefragung innerhalb der einzelnen Gliederungen vorgestellt. Dies führt schließlich zur Schätzung der Stichprobenrepräsentativität, von der aus auf die Einhaltung der Akzeptanzkriterien geschlossen werden kann. Daraufhin erfolgt die testtheoretische Überprüfung des Fragebogens selbst mit Hilfe der Faktoren- und Itemanalyse. Schlussendlich vervollständigt die Diskussion des Veränderungspotentials der Helferbefragung die Qualitätsanalyse.

5.1 Stichprobenrekrutierung und Repräsentativität

Die Zielgruppe der Helferbefragung sind zunächst alle ehrenamtlichen Helfer des Malteser Hilfsdienstes. Da nicht die gesamte Helferschaft im Rahmen dieser Untersuchung befragt werden kann, muss für die Befragung eine geeignete Stichprobe gefunden werden. Diese sollte eine hinreichende Varianz hinsichtlich der demographischen Merkmale wie Alter und Geschlecht aufweisen, um möglichst viele Teilgruppen zu repräsentieren. Außerdem ist eine Variation der ehrenamtlichen Tätigkeitsfelder und der Dauer der ehrenamtlichen Tätigkeit wünschenswert, um die universelle Anwendbarkeit der Helferbefragung zu überprüfen und vielfältige Einstellungen und Meinungen einzuholen.

Vorerst stand die Ortsgliederung Greven zur Verfügung, die zum Befragungszeitpunkt über ca. 100 Mitglieder in vier der fünf Aufgabenfelder des Malteser Hilfsdienstes verfügte. Neben dem fehlenden Aufgabenfeld Auslandsdienste sollte für diese Arbeit eine Stichprobe von n=200 angestrebt werden, um durch multivariate Analyseverfahren[36] sinnvolle und statistisch signifikante Ergebnisse zu generieren. Dies erforderte die Befragung zusätzlicher Gliederungen.

Schließlich konnten die Gliederungen Emsdetten und Münster für die Befragung gewonnen werden. Beide Ortsgruppen verfügten zum Befragungszeitpunkt über

---

[36] Die Durchführung einer exploratorischen Faktorenanalyse zum Bespiel erfordert in der Regel einen Stichprobenumfang von mindestens n=100 Personen, gute Ergebnisse werden häufig erst bei n=200 bis n=300 Personen erzielt (Bühner 2004: 157).

eine zu Greven vergleichbar starke Helferschaft von jeweils gut 100 Mitgliedern, unterschieden sich aber hinsichtlich ihrer Aufgabenstruktur. Idealerweise konnten dadurch alle Tätigkeitsbereiche des Malteser Hilfsdienstes in der Gesamterhebung repräsentiert werden.

5.1.1 Datenerhebung Greven

In Greven wurde an das Erhebungsverfahren der vergangenen Helferbefragung angeknüpft. Befragt wurde erneut per Briefwahlverfahren. Diesmal waren alle Helfer, unabhängig vom Tätigkeitsfeld, in die Befragung einbezogen. Insgesamt sind 104 Helfer angeschrieben worden. Zur Einstimmung und Information der Helferschaft wurden Flugblätter und Plakate gedruckt und 14 Tage vor Befragungsbeginn verteilt und ausgehängt (vgl. Abbildung 5.1).

Abbildung 5.1: Werbeplakat für die Helferbefragung in Greven.

Quelle: eigene Gestaltung, als Vorlage diente ein Plakat zur Mitarbeiterbefragung der AXA Gruppe (Hey 2006).

Statt eines Gewinnspiels erfolgte der Versand der Befragung zusammen mit der Weihnachtspost, die ein kleines Geschenk sowie ein Päckchen Cappuccino als spezielle Anregung enthielt (vgl. den Motivationsflyer im Anhang V). Der Fragebogen wurde wie gewohnt mit einem passendes Anschreiben, einer kurzen Erklärung zur Beantwortung und einem entsprechend adressierten und frankierten Rückumschlag versehen.

Als Konsequenz aus der vorangegangenen Helferbefragung wurde der Erhebungszeitraum mit 14 Tagen verhältnismäßig kurz gehalten und währenddessen mehrmals nachgefasst. Am Ende der Frist wurde der Zeitraum zusätzlich um weitere sieben Tage verlängert. Auf diese Weise konnte eine Rücklaufquote von 63,5% (66 Fragebögen) erreicht werden.

5.1.2 Datenerhebung Emsdetten

In der Gliederung Emsdetten setzte man dagegen auf „Mund-zu-Mund-Propaganda" zur Positionierung der Helferbefragung. Nach mehreren konstruktiven Besprechungen mit der Ortsleitung, im Führungskreis und mit den Vertretern der aktiven Helferschaft, entschied man sich, eine angepasste Form der Wahllokalmethode als Erhebungsverfahren einzusetzen. Die Hauptaufgaben der Gliederung bestehen aus Jugendarbeit, Katastrophenschutz und sozialen Diensten, bei denen regelmäßige Treffen der aktiven Helfer üblich sind. Im Rahmen dieser Veranstaltungen wurde die Helferbefragung sowohl im Vorfeld thematisiert als auch durchgeführt. Selbstverständlich war die Teilnahme an der Befragung freiwillig[37], sie wurde lediglich gemeinsam organisiert. Diejenigen, die zu den Treffen nicht anwesend waren oder nicht erreicht werden konnten, wurden zusätzlich angeschrieben.

Eine Besonderheit stellt die starke Jugendarbeit in der Gliederung Emsdetten dar, weswegen viele Helfer noch minderjährig sind. Damit sicher gestellt ist, dass der Fragebogen gut verstanden wird, sollten nur Helfer an der Befragung teilnehmen, die bereits das 15. Lebensjahr vollendet haben. Ebenso gehören

---

[37] Da die Freiwilligkeit der Teilnahme ein wichtiges Gütekriterium einer Mitarbeiter- bzw. Helferbefragung darstellt, ist sorgfältiges Vorgehen an dieser Stelle wichtig (vgl. Kapitel 2.3). Eine motivierende Aufforderung und der eventuell entstehende Gruppenzwang sollte im Allgemeinen nicht zu bedeutenden Defiziten der Datenqualität führen, jedoch darf die Situation keinesfalls so gestaltet werden, dass sich einzelne Mitglieder regelrecht genötigt fühlen an der Befragung teilnehmen zu müssen. Außerdem ist bei einer gemeinsamen Befragung unbedingt auf genügend Bearbeitungszeit und die Gewährleistung der Vertraulichkeit zu achten.

Gruppenkinder beim Malteser Hilfsdienst prinzipiell nicht zur Zielgruppe der Helferbefragung, da sie trotz Mitgliedschaft keine ehrenamtliche Tätigkeit ausüben.

53 der insgesamt 86 teilnahmeberechtigten Helfer gaben einen ausgefüllten Fragebogen ab, was einem Rücklauf von 61,6% entspricht. Auf Grund dieser akzeptablen, wenn auch für Gruppenbefragungsmethoden eher gering erscheinenden Rücklaufquote (Borg 2000: 178f.; Bundgard 1997: 13), könnte das kombinierte Verfahren von Briefwahl und Gruppenbefragung eine geeignete Erhebungsmethode für viele Gliederungen des Malteser Hilfsdienstes sein, die eine ähnliche Tätigkeits- und Infrastruktur wie Emsdetten aufweisen. Unter Umständen lässt sich die Helferbefragung durch längere Vorlaufzeiten und eine umfangreichere Organisation auf diese Weise sogar als feste Tradition in bestehende Strukturen verankern.

5.1.3 Datenerhebung Münster (Westf.)

Mit der Gliederung Münster nimmt der Malteser Hilfsdienst schwerpunktmäßig Aufgaben im Bereich der Ausbildung und der Notfallvorsorge war. Auf Grund solcher eher dezentraler Tätigkeitsbereiche, wurde für die Datenerhebung auf die Briefwahlmethode zurückgegriffen. Um die Motivation zur Teilnahme zu erhöhen, entschied sich die Ortsleitung dazu, die Helferbefragung mit dem aus der Pilotbefragung in Greven bekannten Gewinnspiel zu verknüpfen. Die Positionierung unterstützten große Plakate und Flugblätter, die mit eigenen Fotos der Helferschaft speziell für die Gliederung angepasst worden sind (vgl. das Motivationsplakat im Anhang VI).

Durch diese Maßnahmen konnte eine Rücklaufquote von 59,6% erreicht werden. Von 114 befragten Helfern schickten 68 einen gültigen Fragebogen zurück.

5.1.4 Beschreibung der Gesamtstichprobe

Die Gesamtstichprobe besteht aus 187 gültigen Fragebögen. Bei 304 befragten Helfern in den drei Gliederungen entspricht das einer absoluten Rücklaufquote von 61,5%.

Tabelle 5.1: Rücklauf der Helferbefragung in den Gliederungen.

Gliederung	Erhebungsmethode	Fragebögen verteilt	Rücklauf	Rücklaufquote
Greven	Briefwahl	104	66	63,5%
Emsdetten	Wahllokal	86	53	61,6%
Münster	Briefwahl	114	68	59,6%
GESAMT		304	187	61,5%

Quelle: eigene Berechnungen.

Typische Merkmale zur Beschreibung von Stichproben im sozialwissenschaftlichen Kontext sind klassischerweise das Geschlecht und das Lebensalter der Befragten. Auf Grund der vorliegenden Fragestellung erscheint zusätzlich die Dauer der ehrenamtlichen Tätigkeit relevant. Alle Ergebnisse der statistischen Analyse sind streng genommen nur für die vorliegende Stichprobe gültig, jedoch begrenzt auf strukturgleiche Grundgesamtheiten übertragbar (Bortz 2006: 85ff.). Daher werden die genannten Merkmale im Weiteren genauer untersucht.

Tabelle 5.2: Die relative Verteilung des Geschlechts

		Geschlecht		GESAMT
		weiblich	männlich	
Gliederung	Greven	45,5%	54,5%	100,0%
	Emsdetten	46,2%	53,8%	100,0%
	Münster	29,4%	70,6%	100,0%
GESAMT		39,8%	60,2%	100,0%

Quelle: eigene Berechnungen.

Die Verteilung des Geschlechts fällt insgesamt deutlich zugunsten der Männer aus. Nur 39,8% der Stichprobe sind Frauen. Bei Unterstellung der Gleichverteilung sind die weiblichen Helfer damit unterrepräsentiert. Das ungleiche Geschlechterverhältnis in allen Gliederungen gibt jedoch Anlass zur Vermutung, dass eine leichte Männerdominanz typisch für die Struktur des Malteser Hilfsdienstes sein könnte. Besonders extrem ist der Unterschied in der Gliederung Münster, dort sind mit 29,4% nicht einmal ein Drittel der Fragebögen von weiblichen Mitgliedern ausgefüllt worden.

Tabelle 5.3: Die relative Verteilung des Lebensalters.

| | | Lebensalter in Jahren | | | | | | GESAMT |
		unter 25	25-35	36-45	46-55	56-65	über 65	
Gliederung	Greven	19,7%	39,4%	6,1%	21,2%	3,0%	10,6%	100,0%
	Emsdetten	31,4%	23,5%	17,6%	3,9%	2,0%	21,6%	100,0%
	Münster	0,0%	47,0%	16,7%	21,2%	10,6%	4,5%	100,0%
GESAMT		15,8%	37,7%	13,1%	16,4%	5,5%	11,5%	100,0%

Quelle: eigene Berechnungen.

Die Altersverteilung zeigt, dass mit 53,5% gut die Hälfte der Befragungsteilnehmer unter 35 Jahre alt ist. Ebenso lässt sich ein höherer Anteil älterer
Befragungsteilnehmer identifizieren. Damit entsprechen diese Daten der
typischen Altersstruktur ehrenamtlich Tätiger (Schüll 2003; Metul 2006). Besonders deutlich wird das Verhältnis in der Gliederung Emsdetten: Der hohe Anteil
(31,4%) der unter 25-jährigen Befragungsteilnehmer deutet auf den starken
Jugendverband der Gliederung hin, gleichzeitig sind 21,6% der Fragebögen von
Helfern über 65 Jahren abgegeben worden. Wenngleich deutlich moderater
lassen sich ähnliche Tendenzen ebenso in den Gliederungen Greven und
Münster beobachten.

Tabelle 5.4: Die relative Verteilung der Tätigkeitsdauer.

| | | Dauer der Tätigkeit in Jahren | | | | | | GESAMT |
		unter 3	3-6	7-10	11-15	16-20	über 20	
Befragungsort	Greven	29,2%	12,3%	36,9%	10,8%	4,6%	6,2%	100,0%
	Emsdetten	1,9%	13,2%	28,3%	22,6%	20,8%	13,2%	100,0%
	Münster	29,4%	25,0%	8,8%	10,3%	4,4%	22,1%	100,0%
GESAMT		21,5%	17,2%	24,2%	14,0%	9,1%	14,0%	100,0%

Quelle: eigene Berechnungen.

Auf Grund der Verteilung der Dauer der Tätigkeit scheinen eher Mitglieder mit
einer kürzeren Tätigkeitsdauer an der Helferbefragung teilzunehmen. Besonders deutlich wird das in den Gliederungen Greven und Münster, fast ein Drittel
der Befragungsteilnehmer sind hier nicht länger als drei Jahre für den Malteser
Hilfsdienst tätig. In Greven sind insgesamt 78,4%, in Münster 62,9% der
Fragebögen von Helfern abgegeben worden, deren Mitgliedschaft weniger als
10 Jahre beträgt. Zum Teil ist dieses Ergebnis vermutlich dadurch zu erklären,
dass es im Verhältnis weniger Helfer gibt, die bereits sehr lange für den Malteser Hilfsdienst tätig sind als solche, die erst kürzlich eine Tätigkeit begonnen

haben. Auffälliger Weise stellt sich die Situation in der Gliederung Emsdetten ganz anders dar. Der Anteil verhältnismäßig neuer Mitglieder, die an der Befragung teilgenommen haben ist in dieser Gliederung sehr gering: Gerade einmal 1,9% geben eine Tätigkeitsdauer von unter drei Jahren an. Dem entgegen ist gut ein Drittel (33,2%) der Befragungsteilnehmer in Emsdetten 16 Jahre oder länger ehrenamtlich für den Malteser Hilfsdienst aktiv.

5.1.5 Stichprobenrepräsentativität

Neben der reinen Beschreibung der Stichprobe ist die Frage interessant, in wie weit der Rücklauf die gesamte befragte Helferschaft repräsentiert. Dazu stellt man die beobachteten Häufigkeiten der relevanten Merkmale den absoluten Häufigkeiten der Grundgesamtheit gegenüber. Um eine Aussage darüber treffen zu können, in wie weit die Unterschiede der Verteilungen dieser Merkmale noch im Rahmen des Zufalls liegen oder aber statistisch signifikante Abweichungen vorliegen, wird der Chi-Quadrat-Anpassungstest durchgeführt (Bortz 2006: 154ff.). Wird das berechnete Chi-Quadrat der Verteilung signifikant, ist dies ein Indikator dafür, dass die Ergebnisse der Helferbefragung nicht hinreichend repräsentativ für alle befragten Helfer sind (Janssen & Laatz 2003: 489). Für die Analyse wird ein moderates Signifikanzniveau von $\alpha = 0,05$ festgelegt, was einer Irrtumswahrscheinlichkeit von 5% entspricht,

Tabelle 5.5: Repräsentativitätsprüfung der Helferbefragung nach Geschlecht.

Merkmal		Befragte Helferschaft (Grundgesamtheit)	Tatsächlicher Rücklauf (Stichprobe)
Geschlecht	männlich	64,8%	60,2%
	weiblich	35,2%	39,8%

Quelle: eigene Berechnung.

Beim Vergleich der Geschlechterverhältnisse bestätigt sich die Vermutung, dass in den untersuchten Gliederungen des Malteser Hilfsdienstes deutlich mehr Männer (65,8%) als Frauen (35,2%) ehrenamtlich tätig sind. In Relation zur Befragten Helferschaft sind die Frauen in der Stichprobe sogar leicht überrepräsentiert. Der Chi-Quadrat Anpassungstest wird jedoch nicht signifikant ($x^2 = 1,71$, df = 1, p = 0.19), so dass die Abweichungen als zufällig verstanden werden können und die Stichprobe hinsichtlich des Geschlechts als ausreichend repräsentativ gilt.

Tabelle 5.6: Repräsentativitätsprüfung der Helferbefragung nach Lebensalter.

Merkmal		Befragte Helferschaft (Grundgesamtheit)	Tatsächlicher Rücklauf (Stichprobe)
Lebensalter (in Jahren)	< 25	20,9%	15,8%
	25-35	39,2%	37,7%
	36-45	13,2%	13,1%
	46-55	9,8%	16,4%
	56-65	7,4%	5,5%
	>65	9,5%	11,5%

Quelle: eigene Berechnung.

Ein erwartungsgemäßes Bild zeigt sich prinzipiell bei der Verteilung des Lebensalters. Der Großteil der ehrenamtlich aktiven Helferschaft, nämlich insgesamt 60,1% sind den ersten beiden Altersklassen zuzuordnen und somit unter 35 Jahren. Der Rest verteilt sich relativ gleich auf die übrigen Kategorien. In der Stichprobe ist die Gruppe der 46 bis 55-Jährigen mit 16,4% gegenüber reellen 9,8% leicht überrepräsentiert; auf Kosten der unter 25-Jährigen. Statistisch gesehen verfehlt die Stichprobenverteilung des Lebensalters den repräsentativen Bereich. Der Chi-Quadrat-Test weist auf eine signifikante Abweichung (x^2 = 12,1, df = 5, p = 0.03) der Verteilungen hin. Jedoch ist zu bedenken, dass bei der Stichprobengröße von n = 187 die Irrtums-wahrscheinlichkeit von 5% verhältnismäßig hoch angesetzt ist. Nach der Chi-Quadrat-Verteilung, beträgt der kritische Wert x^2_{krit} = 11,1, bei 5 Freiheitsgraden und α = 0,05. Bereits bei einer Halbierung des Signifikanzniveaus auf α = 0,25 wird der kritische Wert nicht mehr überschritten (x^2_{krit} = 15,1). Da die statistische Prüfung solcher Verteilungen immer nur als Interpretationshilfe dienen kann, darf man das Ergebnis nicht als starres Ausschlusskriterium für die Repräsentativität der Stichprobe werten. Wie beschrieben weist die Verteilung qualitativ durchaus eine hinreichende Repräsentation der befragten Helferschaft auf. Das ambivalente Ergebnis zeigt dagegen einmal mehr, dass Schlussfolgerungen und Übertragungen von Ergebnissen der statistischen Analyse auf Fremdpopulationen nur mit Einschränkungen und einer gewissen Vorsicht sinnvoll sind.

Tabelle 5.7: Repräsentativitätsprüfung der Helferbefragung nach Dauer der Tätigkeit.

Merkmal		Befragte Helferschaft (Grundgesamtheit)	Tatsächlicher Rücklauf (Stichprobe)
Dauer der Tätigkeit (in Jahren)	unter 3	17,7%	21,5%
	3-6	23,9%	17,2%
	7-10	27,2%	24,2%
	11-15	10,5%	14,0%
	16-20	6,6%	9,1%
	über 20	14,1%	14,0%

Quelle: eigene Berechnung.

Als drittes Merkmal der Repräsentativität wird die Dauer der ehrenamtlichen Tätigkeit für den Malteser Hilfsdienst untersucht. Trotz der beschriebenen Unterschiede innerhalb der Gliederungen entspricht das Gesamtergebnis des Rücklaufs weitgehend der Verteilung innerhalb der Grundgesamtheit. Auch die statistische Analyse unterstützt diesen Eindruck, da keine signifikante Abweichung durch die Chi-Quadrat-Anpassung gefunden werden kann ($x^2 = 9,6$, df = 5, p = 0.09).

Zusammenfassend lassen die vorgestellten Ergebnisse den Schluss zu, dass die Teilnehmer der Befragung, die insgesamt befragte Helferschaft der drei Gliederungen in annehmbarem Maß hinsichtlich der ausgewählten Merkmale repräsentieren. Dies spricht für eine weitgehende Einhaltung der Akzeptanzkriterien (vgl. Kapitel 2.7.1) im Helferbefragungsprozess und lässt unter Annahme der Relevanz der repräsentativen Merkmale eine Übertragbarkeit der weiteren statistischen Analyse zu. Das Fehlen einer geeigneten Theorie über relevante Merkmale zur Beschreibung der Helferschaft des Malteser Hilfsdienstes als auch die, mangels entsprechender Daten, ausgebliebene Überprüfung der Repräsentativität für den Gesamtverband, hemmt jedoch die Gültigkeit einer umfassenden Verallgemeinerung. Eine zukünftige vertiefende Auseinandersetzung mit diesem Thema wäre wünschenswert.

5.2 Fragebogenüberprüfung

Während die Überprüfung der Repräsentativität weitreichende Rückschlüsse auf die akzeptanzrelevanten Gütekriterien im Mitarbeiter- respektive Helferbefragungsprozess ermöglicht, soll in diesem Kapitel nun untersucht werden, in wie weit der verwendete Fragebogen der Helferbefragung hinsichtlich seiner

Konstruktion und Anwendung, den sozialwissenschaftlichen methodischen Standards genügt. Im Sinne der Evaluationsforschung geht es dabei um die Effektivität des Instrumentes also um die Frage in wie weit der Fragebogen seinen Zweck erfüllt und das erreicht, was er erreichen soll. Diese Effektivität wird klassischerweise durch die Gütekriterien der Validität, Reliabilität und Objektivität beschrieben.

5.2.1 Analyse fehlender Werte

Analog zu einer geringen Rücklaufquote kann das Fehlen von Daten innerhalb des Fragebogens, beispielsweise durch Nicht-Beantwortung oder Auslassen einzelner Items, zu einem empfindlichen Problem für die Datenqualität werden. Neben erneuten Problemen mit der Repräsentativität, führt die Analyse von Daten mit hohen fehlenden Werten unter Umständen zu schwerwiegenden Fehlschlüssen auf Grund systematischer Zusammenhänge der fehlenden Werte mit inhaltlichen Aspekten der Befragung (Trefz 2004: 30). Die Analyse fehlender Werte der Befragung ist somit eine wichtige Grundlage für die Schätzung der Datenqualität und der Güte des Instruments (Jesske-Müller 1995: 81).

Da im Fragebogen keine Ausweichkategorien wie „keine Angabe" oder „trifft auf mich nicht zu" angeboten werden, sondern lediglich die mittlere Kategorie mitunter als „weiß nicht" fungiert[38], können fehlenden Werte – auch *Missings* genannt – bei der Datenerfassung nur vage nach dem augenscheinlichen Auslassen des Items, einer fehlerhaften Angabe und einer mutmaßliche Verweigerung unterschieden werden.[39]

Unabhängig von dieser Unterscheidung werden an dieser Stelle nur die absoluten Häufigkeiten fehlender Werte für jedes Item der Analysefelder untersucht.

---

[38] Die mittlere Kategorie der Ratingskala ist im Fragebogen primär als „teils/teils" deklariert. Gleichzeitig wird diese aber auch als Möglichkeit „weiß nicht" auszudrücken. Das „Nicht-Wissen" einer geeigneten Antwort wird in diesem Fall als Unentschlossenheit zwischen den beiden Urteilsrichtungen interpretiert.

[39] Einfach ausgelassene Items werden mit 999 im Datensatz codiert und daran identifiziert, dass sich keine Hinweise auf einen Versuch der Beantwortung oder die Wahrnehmung der Frage finden lassen. Dagegen sind mit 888 codierte *Missings* solche, die durch fehlerhafte oder nicht eindeutig erfassbare Antworten zustande kommen. Beispiele sind das gleichzeitige Ankreuzen von mehreren Kategorien der Ratingskala oder korrigierte Antworten, die nicht eindeutig auszuwerten sind. Solche *Missings* unterscheiden sich von ausgelassenen Items durch den eindeutig gescheiterten Versuch, das Item korrekt zu beantworten. Mit 777 werden schließlich mutmaßliche Verweigerungen codiert. Als Verweigerung wird dabei etwa das Streichen von Fragen interpretiert.

104 der insgesamt 121 Items weisen eine Fehlerwerthäufigkeit von unter 10% auf. Kein Item enthält mehr als 20% fehlende Werte.

Tabelle 5.8: Items mit mehr als 10% fehlender Werte.

Item	N	fehlende Werte	Prozent
c10: Durch die Fort- und Weiterbildungsveranstaltungen beim *** werde ich sicherer in meiner Tätigkeit	168	19	10,2
c11: Ich finde das Fort- und Weiterbildungsangebot beim *** interessant	168	19	10,2
c15: Ich glaube die Tätigkeit beim *** überfordert die Helfer teilweise	168	19	10,2
a09: Die Rahmenbedingungen beim *** fördern meine Tätigkeit	167	20	10,7
a14: Das mir beim *** zur Verfügung stehende Material und die Geräte haben eine gute Qualität	167	20	10,7
b12: Meine ehrenamtliche Tätigkeit beim *** wird zu wenig finanziell entschädigt	167	20	10,7
d02: Die Helferschaft wird bei Entscheidungen beim *** zu wenig gefragt	166	21	11,2
c12: Die Helfer beherrschen Material und Geräte, welche sie für ihre Tätigkeit brauchen	165	22	11,8
c13: Ich beherrsche Material und Geräte, welche ich für meine Tätigkeit brauche	165	22	11,8
d08: Die Vertreter der aktiven Helferschaft beim *** leisten gute Arbeit	165	22	11,8
e12: Ich wäre gern mehr in die Gemeinschaft beim *** integriert	165	22	11,8
e01: Ich wurde beim *** in einem besonderen Rahmen aufgenommen	164	23	12,3
c06: Bei meiner Aufnahme habe ich eine intensive Einweisung auf alle Materialien und Geräte erhalten, die ich für meine Tätigkeit brauche	162	25	13,4
a03: Unsere Einsatzfahrzeuge sind gut ausgestattet	159	28	15,0
a11: Unsere Einsatzfahrzeuge sind in einem guten Zustand	159	28	15,0
a15: Unsere Einsatzfahrzeuge sind häufig dreckig	157	30	16,0
b04: Die Aufwandsentschädigungen für meine ehrenamtliche Tätigkeit beim *** sind angemessen	155	32	17,1

Quelle: eigene Berechnung.

Die inhaltliche Struktur der Items deutet die Gründe für das höhere Vorkommen fehlender Werte an. Einige Fragen, beispielsweise nach der Qualität von Material oder Fahrzeugen sind so spezifisch, dass sie vermutlich nicht für alle Tätigkeitsbereiche zutreffend sind. Trotz dieser Hinweise ist die Häufigkeit und die Größenordnung der fehlenden Werte in der Befragung als weitgehend unproblematisch zu bewerten. Im Mittel enthält jedes Item 7,4% fehlende Werte. 87 Fragebögen (46,5%) sind vollständig ausgefüllt worden und enthalten gar keine fehlenden Werte bei den Items der Analysefelder.[40]

5.2.2 Deskriptive Ergebnisse

Die deskriptive Analyse liefert einen ersten Überblick über die Form und Verteilung der Items. Wichtig ist eine Betrachtung der Spannweite. Die Verteilung der Antworten über die Ratingskala sollte einigermaßen ausgewogen sein. Items, die von allen Befragten in nur wenigen oder immer den gleichen Kategorien beantwortet werden, differenzieren in der Regel nicht gut zwischen den Personen und sind wenig aussagekräftig. Darüberhinaus ist eine ausreichende Streuung der Items eine wichtige Voraussetzung für hohe Korrelationen und daher für viele statistische Analysen (Bühner 2004: 81).

Alle Items der Helferbefragung weisen eine gute Streuung der Antwortkategorien auf.[41] Bei fast allen Items wird die Bandbreite der Ratingskala gut ausgenutzt. Die Differenzierbarkeit eines Items kann anhand dessen Mittelwert (Schwierigkeit) abgeleitet werden. Als Faustregel gilt, dass diejenigen Items ausreichend gut differenzieren, deren Mittelwerte zwischen 20% und 80% der möglichen Skalenwerte liegen (Bortz & Doering 2006: 218). Bei der verwendeten Ratingskala sollte der Mittelwert aller Items daher zwischen 1,8 und 4,2 liegen. Lediglich sechs Items weichen leicht von dieser Bedingung ab. Insgesamt beträgt der Mittelwert über alle Items 2,6; die mittlere Standardabweichung 1,1.

---

[40] Vgl. zur Übersicht der fehlenden Werte Anhang VII.

[41] Aus Gründen der Leserlichkeit wird auf eine ausführliche Darstellung der Häufigkeitsauszählungen und Item-Statistik an dieser Stelle verzichtet. Vgl. Anhang VIII für eine ausführliche Übersicht.

Tabelle 5.9: Schwierigkeit und Differenzierbarkeit der Items.

Item	N	Min	Max	Median	Mittelwert	St.Abw.	Schiefe	Kurtosis
f02: Es ist mir wichtig meine Aufgaben gründlich und sorgfältig zu erledigen	177	1	3	1,0	1,3	0,5	1,4	1,0
b02: Meine Tätigkeit beim *** empfinde ich als sinnvolle Aufgabe	182	1	4	1,0	1,5	0,7	1,4	1,7
b10: Meine Tätigkeit beim *** ist interessant	176	1	5	2,0	1,7	0,8	1,3	2,2
c05: Ich fühle mich für meine Tätigkeit gut ausgebildet	175	1	5	2,0	1,7	0,8	1,2	1,9
g25: Ich würde den *** weiterempfehlen	178	1	5	1,5	1,8	1,0	1,4	1,8
f11: Ich bin vielseitig interessiert und probiere gerne etwas Neues aus	177	1	4	2,0	1,8	0,8	0,8	0,6
g24:Meine Tätigkeit beim *** belastet mich gesundheitlich	180	1	5	5,0	4,4	0,8	-1,3	1,5

Quelle: eigene Berechung.

Die Items b02, b10, c05, g25 und f11 liegen jeweils nur leicht unter dem Grenzwert von 1,8. Dagegen verfehlt Item g24 gerade den oberen Grenzwert von 4,2. Die Items g24 und b02 nutzen dazu die Bandbreite der Antwortskala nicht vollständig aus. Es werden jeweils nur vier Kategorien der Ratingskala ausgenutzt. Auf Grund der inhaltlichen Struktur der Items lassen sich die extremen Werte teilweise erklären.

Besonders problematisch scheint allerdings nur Item f02 zu sein. Die Item-Schwierigkeit (Mittelwert) liegt mit 1,3 sehr niedrig, bei einer ebenfalls geringen Standardabweichung von 0,5. Es werden lediglich die ersten 3 Kategorien der Ratingskala genutzt. Die Differenzierbarkeit dieses Items zwischen einzelnen Personen ist sehr gering einzuschätzen. Inhaltlich könnte der Grund in einer hohen sozialen Erwünschtheit liegen. Die Wenigsten werden vermutlich zugeben, wenn ihnen eine sorgfältige Aufgabenerledigung nicht so wichtig ist. Es kann aber auch sein, dass die Frage inhaltlich die Voraussetzung zur Differen-

zierung nicht erfüllt und den meisten Befragten wirklich eine sorgfältige Aufgabenerledigung wichtig ist. Unabhängig von der Ursache sollte das Item wegen
seiner schlechten Kennwerte überdacht werden.

Zusätzlich wurden alle Items auf Normalverteilung anhand des Kolmogorov-
Smirnov-Test untersucht. Ähnlich dem vorgestellten Chi-Quadrat-Test überprüft
auch der Kolmogorov-Smirnov-Test die Abweichung von einer theoretischen
Verteilung; in diesem Fall der Normalverteilung (Janssen & Laatz 2003: 495f.).
Der Test liefert für alle Items der Helferbefragung ein höchst signifikantes
Ergebnis und damit eine überzufällige Abweichung von der Normalverteilung.
Kein Item erfüllt die Kriterien der Normalverteilung. Dies ist für Items mit fünf-
stufigen Ratingskalen nicht ungewöhnlich, hat jedoch Auswirkungen auf die
Anwendbarkeit von parametrischen[42] statistischen Tests, die in der Regel
Normalverteilung voraussetzen.

5.2.3 Faktorenanalyse

Mit der Faktorenanalyse lassen sich große Mengen einzelner Items auf Grund
ihrer Korrelation zu latenten Variablen, so genannter Faktoren oder Komponenten zusammenfassen. Die Faktorenanalyse ist prinzipiell ein multivariates
Verfahren zur Datenreduktion. Jedoch gibt es mittlerweile eine Vielzahl spezieller Verfahren der Faktorenanalyse die sich auch zur Gruppierung von Fällen
oder der differenzierteren Aufdeckung und Interpretation latenter Strukturen
eignen (Janssen & Laatz 2003: 457; Bortz & Doering 2006: 511ff.). Bei der
Konstruktion von Messinstrumenten wird die Faktorenanalyse häufig zur
Überprüfung der Dimensionalität von konstruierten Skalen benutzt.

Eine Skala ist eine Zusammenfassung von Items durch Aufsummierung oder
Mittelwertberechnung (Rost 1996). Dadurch soll die Zuverlässigkeit der Messung erhöht und gleichzeitig die Aussagen (Werte) einzelner Items auf einen
einzigen Skalenwert reduziert werden. Nach der klassischen Testtheorie sollen
die Items einer Skala möglichst homogen sein und das gleiche Konstrukt
messen (Yousfi 2003: 27).

---

[42] Verschiedene Verfahren der Varianz- und Regressionsanalyse oder auch die konfirmatorische
Faktorenanalyse, setzen eine hinreichende Normalverteilung der Daten voraus. Dies kann Konsequenzen
für die statistische Auswertung haben. Da im Rahmen dieser Arbeit keine solchen Methoden zu Anwendung kommen, werden diese nicht näher erläutert. Weitreichende Erklärungen findet sich bei Bortz &
Doering 2006; sowie Backhaus, Erichson, Plinke & Weiber, 2006.

Im Fall der Helferbefragung sollen die einzelnen Analysefelder auf ihre Dimensionalität hin überprüft werden. Da anhand der intuitiven Konstruktion der Analysefelder nicht von Eindimensionalität der Analysefelder ausgegangen werden kann, sollen durch dieses Verfahren aus den allgemeinen, nach inhaltlichen Überlegungen konstruierten Items, interpretierbare Skalen gewonnen werden, deren Güte im Weiteren überprüft werden kann (Yousfi 2003: 24). Dafür eignet sich die Hauptkomponentenanalyse. Bei dieser Methode wird die Datenmenge möglichst umfassend, jedoch ohne hohen Informationsverlust reduziert (Backhaus, Erichson, Plinke & Weiber 2006: 285; Bühner 2004: 158f.).

Für jede Durchführung der Hauptkomponentenanalyse wird die Eignung der gesamten Daten für die Analyse anhand des KMO-Koeffizienten (Kaiser-Meyer-Olkin-Koeffizient) und dem Bartlett-Test überprüft. Der KMO-Koeffizient kann als Gütemaß für die Korrelationsstruktur der Items verstanden werden. Er kann Wert zwischen 0 und 1 annehmen und sollte als Voraussetzung zur Durchführung der Hauptkomponentenanalyse nicht unter 0.70 liegen. Zusätzlich sollte der Bartlett-Test ein signifikantes Ergebnis liefern, damit sichergestellt ist, dass die Korrelationen nicht Null sind (Bühner 2004: 170f. u. 179).

Zur Extraktion der Faktoren wird das Kaiser-Guttman-Kriterium verwendet, d.h. jede Komponente mit einem Eigenwert größer als 1 wird extrahiert. Zusätzlich wird die Anzahl der extrahierten Komponenten am Scree-Test nach Cattell gegengeprüft, da die Extraktion nach Eigenwerten häufig zur Überschätzung der wahren Faktorenzahl führt (Bühner 2004: 161f.). Gegebenenfalls wird die Anzahl der Faktoren dann manuell festgelegt und die Analyse erneut durchgeführt.

Die Interpretation der extrahierten Faktoren wird durch orthogonale Rotation der Komponentenmatrix nach der Varimax-Methode unterstützt. Rotationsmethoden verändern nicht die Positionen der Items sondern nur deren Verteilung auf den Faktoren zugunsten einer Einfachstruktur (Bühner 2004: 164f.). Die Einzelnen Items sollen auf einem Faktor möglichst hoch, auf den Übrigen dagegen niedrig laden. Neben der Varimax-Methode wird jeweils zusätzlich die oblique Promax-Rotation mit sechsfacher Potenzierung durchgeführt, um zu überprüfen ob die Faktorenstruktur methodeninvariat ist. Die Varimax-Rotierte Lösung wird

94

im Zweifelsfall jedoch vorgezogen. Weitere Ergebnisdarstellungen an dieser Stelle beschränken sich auf die faktorenanalytische Reproduktion der einzelnen Analysefelder (vgl. zur Skalenkonstruktion die Komponenten-Matrizen im Anhang IX).

Überprüfung des Analysefeldes Tätigkeitsbedingungen

Für das Analysefeld *Tätigkeitsbedingungen* ergibt der KMO-Koeffizient einen Wert von 0.79, der Bartlett-Test wird hoch-signifikant (x^2 = 882,2 df = 153, p = 0.00). Beide Kriterien rechtfertigen die Durchführung der Faktorenanalyse. Durch die Hauptkomponentenanalyse mit Varimax-Rotation lassen sich insgesamt fünf gut interpretierbare Komponenten extrahieren, die zusammen 64,8% der Varianz des Analysefeldes aufklären.

Tabelle 5.10: Benennung der extrahierten Komponenten nach Varimax-Rotation, zugeordnete Items und erklärte Varianzen des Analysefeldes Tätigkeitsbedingungen.

Benennung der Komponente	Marker-Item (Faktorladung in Klammern)	zugeordnete Items	erklärte Varianz (in Prozent)
Zusammenarbeit	Beim *** verstehen wir uns als Team (0,78)	a01, a05, a08, a12, a13, a16	19,1
Fahrzeuge	Unsere Einsatzfahrzeuge sind in einem guten Zustand (0,82)	a03, a11, a15(n)	12,6
Unterkunft	Unsere Unterkunft/Wache ist in einem guten Zustand (0,79)	a02, a07(n), a10	12,3
Ressourcen	Ich verfüge über ausreichend Material und Geräte für meine Tätigkeit (0,78)	a04, a06, a09, a14	11,0
Entschädigung	Meine ehrenamtliche Tätigkeit beim *** wird zu wenig entschädigt (-0,90)	b04, b12(n)	9,8
			$\sum$ 64,8

Quelle: eigene Berechnung, (n) negative Faktorladung.

Als Marker-Items gelten die Items mit der höchsten Ladung auf dem entsprechenden Faktor. Sie können zur inhaltlichen Interpretation und zur Benennung der Komponenten herangezogen werden. Nach der faktorenanalytischen Strukturierung besteht das Analysefeld *Tätigkeitsbedingungen* nun aus den fünf Skalen: *Zusammenarbeit*, *Fahrzeuge*, *Unterkunft*, *Ressourcen* und *Entschädigung*. Alle Faktorladungen liegen über 0,50. Die Promax-Rotation bestätigt die Zuordnung der Items zu den Komponenten, was auf eine stabile Faktorenstruktur schließen lässt (Bühner 2004: 166).

Überprüfung des Analysefeldes Tätigkeitsempfinden

Die 15 Items des Analysefeldes *Tätigkeitsempfinden* eigenen sich ebenfalls gut für die Durchführung der Faktorenanalyse. Der KMO-Koeffizient liegt bei 0.90, der Bartlett-Test wird hoch-signifikant (x^2 = 1325,4, df = 105, p = 0.00). Das Kaiser-Guttman-Kriterium liefert drei interpretierbare Komponenten.

Tabelle 5.11: Benennung der extrahierten Komponenten nach Varimax-Rotation, zugeordnete Items und erklärte Varianzen des Analysefeldes Tätigkeitsempfinden.

Benennung der Komponente	Marker-Item (Faktorladung in Klammern)	zugeordnete Items	erklärte Varianz (in Prozent)
Klima	Unter den Helferinnen und Helfern herrscht ein freundlicher Umgang (0,80)	b01, b03, b05, b06, b09, b11, b13, b14, b17	32,3
Autonomie	Ich kann bei meiner Tätigkeit selbstständige Entscheidungen treffen (0,87)	b07, b08, b15	18,9
Impression	Meine Tätigkeit ist interessant (0,84)	b02, b10, b16	15,2
			$\sum$ **66,4**

Quelle: eigene Berechnung, (n) negative Faktorladung.

Die drei Skalen *Klima*, *Autonomie* und *Impression* erklären 66,4% der Varianz des Analysefeldes, wovon die Skala *Klima* bereits 32,3% ausmacht. Die Promax-Rotation führt zur gleichen Itemzuordnung und bestätigt damit die Stabilität der Komponenten.

Überprüfung des Analysefeldes Aus-, Fort- & Weiterbildung

69,0% der Gesamtvarianz der Items des Analysefeldes *Aus-, Fort- und Weiterbildung* kann durch fünf extrahierte Komponenten aufgeklärt werden. Auch hier führte das Kaiser-Guttman-Kriterium zu interpretierbaren Faktoren. Die Eignung zur Faktorenanalyse wurde durch den KMO-Koeffizienten (0.75) und den Bartlett-Test bestätigt (x^2 = 863,9, df = 120, p = 0.00).

Tabelle 5.12: Benennung der extrahierten Komponenten nach Varimax-Rotation, zugeordnete Items und erklärte Varianzen des Analysefeldes Aus-, Fort- und Weiterbildung.

Benennung der Komponente	Marker-Item (Faktorladung in Klammern)	zugeordnete Items	erklärte Varianz (in Prozent)
Effektivität	Durch die Aus-, Fort- und Weiterbildungsveranstaltungen werde ich sicherer in meiner Tätigkeit (0,83)	c02, c03, c10, c11	18,2
Eigenkompetenz	Ich fühle mich teilweise unsicher bei meiner Tätigkeit (-0,77)	c05, c08(n), c13, c16(n)	13,6
Fremdkompetenz	Ich glaube die Tätigkeit überfordert die Helfer teilweise (0,87)	c04(n)*, c07, c12(n), c15	13,6
Tätigkeitseinweisung	Bei meiner Aufnahme wurde ich insgesamt gut in meine Tätigkeit eingewiesen (0,83)	c06, c14	12,2
Angebot	Ich finde, mir werden zu wenig Aus-, Fort- und Weiterbildungsmöglichkeiten angeboten (-0,83)	c01, c09(n)	11,4
			$\sum$ 69,0

Quelle: eigene Berechnung, (n) negative Faktorladung, * Item mit einer Faktorladung <0,50

Auf Grund der Faktorenstruktur werden die Items des Analysefeldes somit zu den Skalen *Effektivität*, *Eigenkompetenz*, *Fremdkompetenz*, *Tätigkeitseinweisung* und *Angebot* verdichtet. Durch die Promax-Rotation wird die Stabilität der Komponenten weitgehend bestätigt, jedoch kann das Item c04 durch diese Methode nicht mehr sinnvoll zugeordnet werden, da es auf zwei Faktoren (*Fremdkompetenz* und *Tätigkeitseinweisung*) gleich hoch lädt. Die Faktorladungen liegen außerdem unter einem annehmbaren Wert (Backhaus, Erichson, Plinke & Weiber 2006: 299) von 0,50.[43] Durch die Varimax-Rotation lässt sich das Item zwar eindeutiger der Komponente *Fremdkompetenz* zuordnen, erreicht aber ebenfalls nur eine Faktorladung von 0,49. Daher sollte das Item c04 in der weiteren Itemanalyse genauer untersucht und gegebenenfalls eliminiert werden.

Überprüfung des Analysefeldes Führungsstruktur

Nach Feststellung einer guten Eignung zur Faktorenanalyse (KMO-Koeffizient: 0.85, Bartlett-Test: $\aleph^2 = 881,9$, df = 45, p = 0.00), können anhand der Ergebnis-

---

[43] Bortz und Doering (2006: 221) empfehlen sogar nur Faktorladungen über 0,60 zu berücksichtigen. Für eine Diskussion zum Problem der Faktorladungen vergleiche (Bortz 2006: 551) sowie (Backhaus, Erichson, Plinke & Weiber 2006: 296ff.)

se der Hauptkomponentenanalyse 68,5% der Varianz des Analysefeldes *Führungsstruktur* durch zwei Komponenten beschrieben werden.

Tabelle 5.13: Benennung der extrahierten Komponenten nach Varimax-Rotation, zugeordnete Items und erklärte Varianzen des Analysefeldes Führungsstruktur.

Benennung der Komponente	Marker-Item (Faktorladung in Klammern)	zugeordnete Items	erklärte Varianz (in Prozent)
Führung	Der Orts-Führungskreis leistet gute Arbeit (0,86)	d01, d02(n), d03, d05, d06, d07, d09	52,5
Helfervertretung	Die Vertreter der aktiven Helferschaft leisten gute Arbeit (0,88)	d04, d08, d10	16,0
			$\sum$ 68,5

Quelle: eigene Berechnung, (n) negative Faktorladung.

Die beiden Komponenten werden anhand der Itemzuordnungen mit *Führung* und *Helfervertretung* benannt. Eine scheinbar hohe Stabilität beider Faktoren belegt das reproduzierte Ergebnis nach Promax-Rotation.

Überprüfung des Analysefeldes Vereinskultur
Ein berechneter KMO-Koeffizient von 0.77 und der hoch-signifikante Bartlett-Test (x^2 = 1123,3, df = 120, p = 0.00) rechtfertigen schließlich auch die Durchführung der Faktorenanalyse mit den Daten des Analysefeldes *Vereinskultur*. Dementsprechend werden mit der Hauptkomponentenanalyse insgesamt vier Faktoren mit Eigenwerten größer 1 extrahiert.

Tabelle 5.14: Benennung der extrahierten Komponenten nach Varimax-Rotation, zugeordnete Items und erklärte Varianzen des Analysefeldes Vereinskultur.

Benennung der Komponente	Marker-Item (Faktorladung in Klammern)	zugeordnete Items	erklärte Varianz (in Prozent)
Nachhaltigkeit	Beim *** verändert sich alles immer weiter zum Schlechten (-0,83)	e03, e04, e05, e07(n), e11, e12(n)*, e13, e15	25,9
Freundschaft	Ich habe durch meine Mitgliedschaft gute Freunde gefunden (0,92)	e02, e10	14,7
Atmosphäre	Meine Aufnahme habe ich besonders positiv erlebt (0,71)	e01, e08, e09, e16	13,7
Religion	Die religiöse Ausrichtung der Malteser ist mir wichtig (0,95)	e06, e14	12,3
			$\sum$ 66,6

Quelle: eigene Berechnung, (n) negative Faktorladung, * Item mit einer Faktorladung <0,50.

Sowohl durch die Varimax-Rotation als auch durch die zusätzliche Promax-Rotation lässt sich die Faktorenstruktur gut interpretieren. So können die Items des Analysefeldes *Vereinskultur* nun zu den Skalen *Nachhaltigkeit*, *Freundschaft*, *Atmosphäre* und *Religion* zusammengefasst werden, die zusammen 66,6% der Varianz erklären. Das Item e12 weist eine zu geringe Faktorladung sowie Nebenladungen auf und muss beobachtet werden. In diesem Kontext könnte die negative Formulierung des Items eine Rolle spielen. Bei negativ formulierten Items führen häufig Verständnisschwierigkeiten oder das einfache Überlesen der Verneinung zu schlechten Daten (Porst 2000).

Überprüfung des Analysefeldes Persönlichkeit

Das Analysefeld *Persönlichkeit* bildet auf Grund seiner theoriegestützten Entwicklung einen Sonderfall. Die verwendeten Items sind einem bereits überprüftem Instrument entnommen und sollen die fünf klassischen Persönlichkeitsmerkmale Extraversion, Gewissenhaftigkeit, Neurotizismus, Offenheit und Verträglichkeit nach dem als „BigFive" bekannten NEO-Fünf-Faktoren-Inventar (Costa & McCrae 1992; Borkenau & Ostendorf 1993) repräsentieren (vgl. Kapitel 4.3.6). Zusätzlich sind Items zur *allgemeinen Zufriedenheit* formuliert worden. Die Voraussetzungen der Daten für die Faktorenanalyse werden erfüllt (KMO-Koeffizient: 0.72, Bartlett-Test: $x^2 = 336{,}2$, df = 66, p = 0.00). Anhand der

Faktorenanalyse soll nun überprüft werden, ob sich die fünf Persönlichkeitsfaktoren reproduzieren lassen. Dazu werden genau fünf Faktoren unabhängig von anderen Kriterien extrahiert und die Ladungsverteilung der Items analysiert. Die zwei Items zur allgemeinen Zufriedenheit werden nicht berücksichtigt.

Tabelle 5.15: Varimax-Rotierte Komponentenmatrix nach der Hauptkomponentenanalyse mit Fakorladungen der Items des Analysefeldes Personlichkeit.

Item	Komponente				
	1	2	3	4	5
f04 Ich mache mir wenig Sorgen und gerate auch in Stresssituationen nicht aus der Ruhe (Neurotizismus)	**0,48**	-0,43	-0,13	0,00	0,45
f10 Ich bin häufiger unzufrieden oder traurig (Neurotizismus)	**-0,59**	0,41	0,25	0,17	0,13
f05 Ich denke gerne intensiv über das Leben nach (Offenheit)	0,38	**0,62**	0,05	0,06	0,36
f11 Ich bin vielseitig interessiert und probiere gerne etwas Neues aus (Offenheit)	**0,56**	0,28	-0,25	0,15	-0,54
f06 Ich kann lauisch sein und habe manchmal Stimmungsschwankungen (Verträglichkeit)	-0,40	0,35	**-0,53**	-0,24	0,17
f12 Ich bin nicht nachtragend und kann anderen leicht vergeben (Verträglichkeit)	0,43	-0,08	**0,55**	0,35	0,23
f02 Es ist mir wichtig meine Aufgaben gründlich und sorgfältig zu erledigen (Gewissenhaftigkeit)	**0,48**	0,33	0,36	-0,20	-0,27
f08 Ich plane oft sehr genau, was ich tue (Gewissenhaftigkeit)	0,24	0,39	0,18	**-0,68**	0,17
f01 Ich bin gern im Zentrum des Geschehens (Extraversion)	0,36	0,39	-0,48	**0,50**	0,16
f07 Ich bin bin manchmal schüchtern und gehemmt (Extraversion)	**-0,50**	0,33	0,33	0,33	-0,05

Quelle: eigene Berechnung, jeweils höchste Faktorladungen sind hervorgehoben.

Anhand der Varimax-Rotierten Komponentenmatrix lassen sich die fünf Persönlichkeitsfaktoren nicht reproduzieren. Lediglich *Neurotizismus* und *Verträglichkeit* wären interpretierbar. Beachtet man bei der Zuordnung nur jeweils die höchste Ladung eines der beiden ursprünglichen Items für die Persönlichkeitsfaktoren und nimmt dann das andere Item, ungeachtet der Höhe der Faktorladung hinzu, können vier der fünf Faktoren identifiziert werden. Diese Methode ist anhand der grauen schraffierten Felder verdeutlicht. Dadurch werden die Faktorladungen der hinzugenommenen Items teilweise sehr gering und die Items des Persönlichkeitsfaktors *Extraversion* müssten der Komponente *Neurotizismus* zugeordnet werden.

Die theoretische Grundlage des Analysefelds *Persönlichkeit* kann faktorenana-lytisch folglich nicht hinreichend gestützt werden. Hier bedarf es weiterer Feinarbeit am Instrument. Eventuell müssen zusätzliche Items zur Persönlich-keitsmessung aufgenommen oder die Formulierungen angepasst werden. Von der weiteren Prüfung in dieser Arbeit wird das Analysefeld *Persönlichkeit* somit ausgeschlossen.

Überprüfung des Analysefeldes Spezielle Kennzahlen
Schlussendlich wird das Analysefeld *Spezielle Kennzahlen* durch die Haupt-komponentenanalyse überprüft. Da viele dieser Items prinzipiell dichotomer Natur sind (vgl. Kapitel 4.3.7) werden zur Prüfung der Eignung der Daten für die Faktorenanalyse zusätzlich entsprechende Anti-Image-Matrizen ausgewertet (Bühner 2004: 179). Durch diese wird analog dem Kaiser-Meyer-Olkin-Koeffizienten, ein Maß der Stichprobeneignung für jedes einzelne Item ge-schätzt (MSA-Koeffizient).

Die Analyse[44] ergibt nur für die Items g13 und g30 eine geringe Eignung (MSA-Koeffizient <0,50) zur Faktorenanalyse. Diese Items werden aus der Analyse ausgeschlossen, aber auf Grund ihrer inhaltlichen Nähe zueinander („Ich könnte mich zeitlich mehr engagieren" und „Ich wäre bereit mich mehr zu engagieren") zu einer eigenen Skala *Exploitation* verrechnet. Mit den zurück-bleibenden 32 Items wird die Hauptkomponentenanalyse analog der ersten fünf Analysefelder gerechnet: KMO-Koeffizient: 0.78, Bartlett-Test: $\varkappa^2 = 2434,9$, df = 496, p = 0.00.

---

[44] Vgl. die Anti-Image-Matrizen im Anhang X.

Tabelle 5.16: Benennung der extrahierten Komponenten nach Varimax-Rotation, zugeordnete Items und erklärte Varianzen des Analysefeldes Spezielle Kennzahlen.

Benennung der Komponente	Marker-Item (Faktorladung in Klammern)	zugeordnete Items	erklärte Varianz (in Prozent)
Bindung	Ohne den *** würde mir etwas in meinem Leben fehlen (0,78)	g03, g04, g05, g20, g21, g22	12,8
Belastung	Meine Tätigkeit ist teilweise psychisch belastend (0,84)	g02, g07, g16, g19, g24, g33	10,3
Konvergenz	Ich nutze die Informationsangebote beim *** regelmäßig (0,77)	g08, g09, g12, g26	8,5
Motivation	Ich bin immer motiviert etwas beim *** zu machen (0,68)	g01(n), g15, g18(n), g25, g32	8,0
Akkommodation	Ich verstehe wie Entscheidungen beim *** getroffen werden (0,66)	g11, g29*	8,0
Informationsgrad	Ich kenne die Geschichte der Malteser (0,88)	g10, g27, g28	7,7
Mobbing	Ich habe in den letzten 12 Monaten erlebt, dass Helfer beim *** gemobbt wurden (0,75)	g14, g31	6,9
Zeitinvestition	Ich glaube ich investiere mehr Zeit als es andere Helfer tun (0,57)	g17, g34	
Fremdaktivität	Der *** ist der einzige Verein/Bereich in dem ich ehrenamtlich tätig bin (0,94)	g06, g23(-)	6,6
			$\sum$ 68,8

Quelle: eigene Berechnung, (n) negative Faktorladung, * Item mit einer Faktorladung <0,50.

Die acht extrahierten Komponenten erklären 68,8% der Gesamtvarianz. Eine Besonderheit stellt dabei der siebte Faktor dar. Sowohl durch die Varimax-Rotation als auch durch die Promax-Rotation werden diesem je zwei Items zum den Themen *Mobbing* und *Zeitinvestition* zugeordnet. Das könnte daran liegen, dass gerade diejenigen Helfer vermehrt Opfer und Beobachter von so etwas wie Mobbing werden, die viel Zeit beim Malteser Hilfsdienst verbringen und die Items daher hoch korrelieren. Als übergeordnete Komponente kann eine solche Verdichtung inhaltlich nicht sinnvoll interpretiert werden. Aus thematischen Gründen wird dieser Faktor getrennt und die beiden zusammengehörigen Items jeweils zu zwei Skalen *Mobbing* und *Zeitinvestition* verrechnet.

Die übrigen Komponenten lassen sich sowohl durch die Varimax- als auch durch die Promax-Rotation direkt sinnvoll interpretieren und die einzelnen Items den Skalen *Bindung*, *Belastung*, *Konvergenz*, *Motivation*, *Akkommodation*, *Informationsgrad* und *Fremdaktivität* zuordnen. Allerdings weist das Item g29 eine zu geringe Faktorladung auf und sollte daher eliminiert werden. Das hätte aber zur Folge, dass die Skala *Akkommodation* nur aus einem einzigen Item besteht und damit der Sinn der Skalenbildung verfehlt wird. Das Item g29 wird deswegen für die Skala zunächst beibehalten, muss jedoch im Weiteren genauer untersucht werden.

5.2.4 Item- und Reliabilitätsanalyse

Entsprechend den faktorenanalytisch gewonnen Strukturen können die Daten nun verdichtet werden, indem man die Werte der Items, die einer Komponente zugeordnet wurden, zu Skalenwerten verrechnet. Dabei muss zunächst sicher-gestellt werden, dass alle Items einer Skala semantisch die gleiche Richtung besitzen. Um einer Zustimmungstendenz (Trefz 2004: 49f.) entgegenzuwirken, wurden einige Items im Fragebogen negativ formuliert. Diese negativen Formu-lierungen zeigen sich in der Faktorenanalyse durch negative Faktorladungen. Vor der Berechnung der Skalenwerte werden die Werte der Items, die eine negative Faktorladung aufweisen, umcodiert (gedreht). Danach können die Skalenwerte anhand des arithmetischen Mittels der zugehörigen Itemwerte berechnet werden. Dies hat gegenüber dem Summenindex den Vorteil, dass die resultierenden Skalenwerte unabhängig von der Anzahl der Items ver-gleichbar bleiben und innerhalb der Antwortkategorien der verwendeten Ra-tingskala liegen.

Im Anschluss daran kann die Qualität der Skalen und Items anhand einer Item- und Reliabilitätsanalyse eingeschätzt werden (Janssen & Laatz 2003: 521). Als Gütemaß jeder Skala wird Cronbach-Alpha berechnet. Der Cronbach-Alpha-Koeffizient gibt die Reliabilität in Form der inneren Konsistenz der Skala, anhand der Itemanzahl und der Inter-Item-Korrelationen an. Cronbach-Alpha kann Werte zwischen 0 und 1 annehmen, wobei Werte über 0,70 als akzepta-bel, über 0,80 als gut und über 0,90 als sehr gut hinsichtlich der Reliabilität der Skala angesehen werden können (Bühner 2004: 129ff.).

Die Reliabilität einer Skala lässt sich gegebenenfalls durch den Ausschluss qualitativ schlechter Items erhöhen. Die Güte eines Items in Abhängigkeit der Skala lässt sich an dessen Trennschärfe in Verbindung mit der Schwierigkeit respektive Differenzierbarkeit und Streuung abschätzen. Die Trennschärfe gibt die Korrelation des Items mit der Summe aller verbleibenden Items der Skala an und nimmt als typisches Korrelationsmaß Werte zwischen -1 und 1 an. Items mit Trennschärfen unter 0,30 bei gleichzeitig mittlerer Schwierigkeit sind in der Regel ungeeignet für die Skala. Werte größer 0,5 sind dagegen akzeptabel (Bortz & Doering 2006: 219). Aus mathematischen Gründen verringert sich die maximal erreichbare Trennschärfe, wenn die Item-Schwierigkeit besonders hoch oder niedrig ausfällt. Daher wird häufig empfohlen, nur Items mit niedriger Trennschärfe zu eliminieren, wenn sie gleichzeitig eine mittlere Schwierigkeit aufweisen (Yousfi 2003: 24f.; Bühner 2004: 92). Ganz allgemein bedeutet eine hohe Trennschärfe, dass Personen, die einen hohen Wert auf dem Item erreichen, ebenso einen hohen Wert auf der Skala erreichen.

Tabelle 5.17: Itemanzahl, Skalenwerte und Interne Konsistenz (Cronbach-Alpha) der faktoren-analytisch konstruierten Skalen der Helferbefragung.

Analysefeld	Skala	Anzahl Items	Skalenwert (Schwierigkeit)	Cronbach-Alpha	maximales Cronbach-Alpha
Tätigkeitsbedingungen	Zusammenarbeit	6	2,65	0,81	0,81
	Fahrzeuge	3	2,44	0,68	**0,74**
	Unterkunft	3	2,68	0,74	**0,77**
	Ressourcen	4	2,25	0,64	0,64
	Entschädigung	2	2,36	0,77	0,77
Tätigkeitsempfinden	Klima	9	2,22	0,92	0,92
	Autonomie	3	2,21	0,87	0,87
	Impression	3	1,84	0,65	**0,66**
Aus-, Fort- und Weiterbildung	Effektivität	4	2,06	0,85	0,85
	Eigenkompetenz	4	1,89	0,65	0,65
	Fremdkompetenz	4	3,33	0,75	0,75
	Tätigkeitseinweisung	2	2,52	0,75	0,75
	Angebot	2	2,11	0,79	0,79
Führungsstruktur	Führung	7	2,39	0,91	0,91
	Helfervertretung	3	2,00	0,86	0,86
Vereinskultur	Nachhaltigkeit	8	2,26	0,85	0,87
	Freundschaft	2	2,20	0,86	0,86
	Atmosphäre	4	2,99	0,68	0,68
	Religion	2	2,72	0,90	0,90
Spezielle Kennzahlen	Bindung	6	2,22	0,86	**0,88**
	Belastung	6	3,58	0,80	0,80
	Konvergenz	4	2,17	0,73	0,73
	Motivation	5	2,04	0,81	**0,82**
	Akkommodation	2	2,41	0,53	0,53
	Informationsgrad	3	2,38	0,78	**0,85**
	Mobbing	2	3,36	0,63	0,63
	Zeitinvestition	2	3,50	0,89	0,89
	Fremdaktivität	2	2,84	0,92	0,92
	Exploitation	2	3,24	0,57	0,57

Quelle: eigene Berechnung.

Die meisten faktorenanalytisch konstruierten Skalen der Helferbefragung weisen bereits eine akzeptable bis hohe Zuverlässigkeit auf (Tabelle 5.9). Nur wenige erreichen eine Reliabilität von weniger als 0,70. Die letzte Spalte zeigt den Cronbach-Alpha-Koeffizienten, den die einzelne Skala unter Ausschluss des hinsichtlich der Trennschärfe schlechtesten Items erreichen kann. Werte die sich gegenüber der aktuellen Reliabilität erhöhen würden, sind hervorgehoben.

Eine Itemanalyse soll einerseits bei denjenigen Skalen durchgeführt werden, bei denen sich eine sinnvolle Verbesserung der Reliabilität zu erwarten ist sowie andererseits bei denjenigen, die in der Faktorenanalyse problematische Items, mit zu niedrigen Faktorladungen aufwiesen. Eine sinnvolle Verbesserung der Reliabilität ist lediglich bei den Skalen *Fahrzeuge* und *Unterkunft* zu erwarten. Alle anderen Skalen haben besitzen bereits eine hohe Reliabilität von über 0,80. Da eine Eliminierung von Items immer auch inhaltliche Probleme mit sich bringt, die durch statistische Methoden schwer zu erfassen sind ist eine Itemanalyse dieser Skalen an dieser Stelle wenig sinnvoll (Yousfi 2003). Die Skala *Impression* besitzt eine geringe Reliabilität, die sich aber nur marginal verbessern lässt. Hier stellt sich das gleiche inhaltliche Problem bei der Reduktion der Items, zumal die Skala nur aus drei Items besteht. Wie bei den übrigen Skalen mit geringem Cronbach-Alpha kämen hier andere Möglichkeiten zur Reliabilitätsverbesserung in Betracht, wie die Hinzunahmen von Items oder Veränderungen der Frageformulierung (vgl. dazu Bühner 2004: 115ff.).

Tabelle 5.18: Itemanalyse der Skala Fahrzeuge.

Item	Mittelwert (Schwierigkeit)	Trennschärfe	Cronbach- Alpha, wenn Item weggelassen
a03 Unsere Einsatzfahrzeuge sind gut ausgestattet	2,26	0,48	0,62
a11 Unsere Einsatzfahrzeuge sind in einem guten Zustand	2,46	0,66	0,37
a15_n Unsere Einsatzfahrzeuge sind häufig dreckig	2,61	0,38	0,74

Quelle: eigene Berechnung.

Die Itemanalyse zeigt anhand der Trennschärfe, dass das negativ formulierte Item a15_n problematisch für die Skala ist. Die Trennschärfe ist trotz mittlerer Differenzierbarkeit gering. Durch Ausschluss dieses Items würde Cronbach-Alpha deutlich von 0,68 auf 0,74 steigen.

Tabelle 5.19: Itemanalyse der Skala Unterkunft.

Item	Mittelwert (Schwierigkeit)	Trennschärfe	Cronbach- Alpha, wenn Item weggelassen
a02 Unsere Unterkunft ist gut ausgestattet	2,27	0,54	0,70
a07_n Unsere Unterkunft/Wache ist häufig dreckig	3,09	0,49	0,77
a10 Unsere Unterkunft ist in einem guten Zustand	2,68	0,71	0,47

Quelle: eigene Berechnung.

Das gleiche Problem zeigt sich bei der ähnlich aufgebauten Skala *Unterkunft*. Auch hier passt das negativ formulierte Item zur Sauberkeit nicht ideal zur Skala, ein Ausschluss würde Cronbach-Alpha aber deutlich weniger als bei der Skala *Fahrzeuge* steigern (von 0,74 auf 0,77). Beide Items werden dennoch eliminiert, um die Reliabilitäten der Skalen zu erhöhen.

Schließlich sind noch solche Skalen näher zu prüfen, die in der Faktorenanalyse Items mit sehr niedrigen Faktorladungen aufwiesen. Betroffen sind die Skalen *Fremdkompetenz* (Item c04_n), *Nachhaltigkeit* (Item e12_n) und *Akkommodation* (Item g29), wobei die Skala *Akkommodation* lediglich aus zwei Items besteht und sich daher eine Itemselektion erübrigt. Dennoch soll das Item auf seine generelle Qualität hin überprüft werden.

Tabelle 5.20: Itemanalyse der Skala Fremdkompetenz.

Item	Mittelwert (Schwierigkeit)	Trennschärfe	Cronbach- Alpha, wenn Item weggelassen
c04_n Die Helfer beim *** sind für ihre Tätigkeit gut ausgebildet	3,75	0,50	0,73
c07 Ich glaube die Helfer sind teilweise unsicher bei ihrer Tätigkeit	2,96	0,60	0,67
c12_n Die Helfer beherrschen Material und Geräte, welche sie für ihre Tätigkeit brauchen	3,41	0,54	0,71
c15 Ich glaube die Tätigkeit beim *** überfordert die Helfer teilweise	3,19	0,58	0,68

Quelle: eigene Berechnung.

Das Item c04_n passt gut zur Skala. Zwar weist es die geringste Trennschärfe auf, jedoch ist anhand des höheren Mittelwertes auf eine extremere Schwierigkeit des Items zu schließen. Der Cronbach-Alpha-Koeffizient der Skala (0,75) verbessert sich bei Ausschluss des Items nicht. Das Item sollte daher für die Skala beibehalten werden.

Tabelle 5.21: Itemanalyse der Skala Nachhaltigkeit.

Item	Mittelwert (Schwierigkeit)	Trennschärfe	Cronbach- Alpha, wenn Item weggelassen
e03 Unsere Gemeinschaft beim *** ist gut	2,30	0,74	0,82
e04 Ich fühle mich in die Gemeinschaft beim *** integriert	2,13	0,70	0,82
e05 Ich glaube, das Image des *** in der Öffentlichkeit ist gut	2,17	0,57	0,84
e07_n Beim *** verändert sich Alles immer weiter zum Schlechten	2,13	0,65	0,83
e11 Unser Vereinsleben beim *** ist gut	2,37	0,74	0,82
e12_n Ich wäre gern mehr in die Gemeinschaft beim *** integriert	2,72	0,29	0,87
e13 Ich glaube, unsere Kunden (Patienten, etc..) sind mit unserer Arbeit zufrieden	1,87	0,44	0,85
e15 Der *** entwickelt sich in die richtige Richtung	2,37	0,70	0,82

Quelle: eigene Berechnung.

Anders ist es bei der Analyse von Item e12_n auf der Skala *Nachhaltigkeit*. Dieses Item ist schon in der Faktorenanalyse durch niedrige Ladung auffällig geworden und weist nun ebenfalls eine geringe Trennschärfe von 0,29 innerhalb der Skala auf. Dieser Wert genügt den Anforderungen nicht, zumal die Item-Schwierigkeit eher im mittleren Bereich liegt. Der Cronbach-Alpha-Koeffizient würde sich bei Ausschluss des Items dementsprechend von 0,85 auf 0,87 erhöhen.

Zur Verdeutlichung soll die Streuung des Items zusätzlich grafisch per Boxplot[45] analysiert werden. Eine solche Darstellung eignet sich gut zur Einschätzung der Verteilung und Differenzierbarkeit des Items und sollte bei problematischen Items standardmäßig ausgegeben werden (Bühner 2004: 102f.).

Abbildung 5.2: Boxplot der Skala Nachhaltigkeit auf den Antwortstufen des Items e12_n.

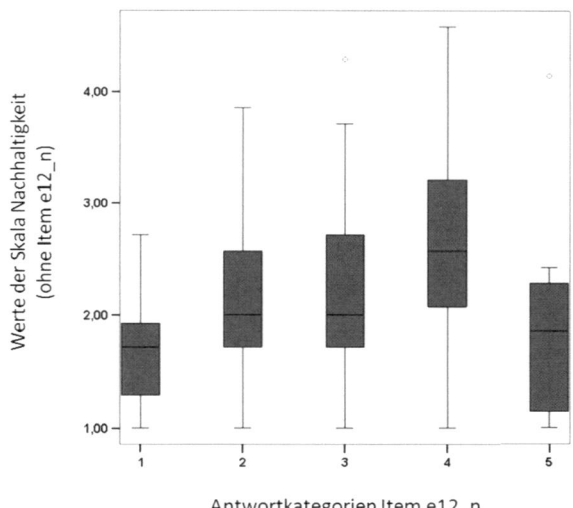

Quelle: eigene Berechnung.

Anhand der Darstellung lässt sich die Schwäche des Items eindeutig ablesen. Die Gegenüberstellung der Skala aus allen übrigen Items und den Antwortstufen des Items e12_n zeigt die fehlende Linearität. Je höher der angegebene Wert auf dem Item, desto höher sollte der erreichte Wert auf der Skala *Nachhaltigkeit* sein. Ein linear steigender Verlauf ist für die Antwortstufen 1 bis 4 des Items hinreichend gegeben, fällt dann jedoch für die Antwortstufe 5 stark ab. Befragte die einen maximalen Wert auf der Antwortskala des Items e12_n

---

[45] Boxplot-Diagramme sind gut geeignet zur Darstellung von Verteilungen. Die zentralen ausgefüllten Boxen zeigen die Verteilung von 50% der Befragten an. Der Strich innerhalb der Boxen stellt den Median der Verteilung dar. Entsprechend zeigt das obere und untere Ende der Box das 25% bzw. 75% Perzentil. Die Querstriche ober- und unterhalb der Boxen begrenzen die Verteilung durch den jeweils größten und kleinsten nicht extremen Wert. Ausreißer der Verteilung werden durch Kreise (zwischen 1,5 und 3-facher Interquartilabstand) und Extremwerte (>3-fache Interquartilabstand) durch Sternchen dargestellt (vgl. Bühner 2004:102).

angeben, erreichen nur geringe Werte auf der Skala *Nachhaltigkeit*. Daher eignet sich das Item e12_n nicht für die Skala und wird eliminiert.

Tabelle 5.22: Itemanalyse der Skala Akkommodation.

Item	Mittelwert (Schwierigkeit)	Trennschärfe	Cronbach- Alpha, wenn Item weggelassen
g11 Ich verstehe wie Entscheidungen beim *** getroffen werden	2,64	0,38	-
g29 Wenn mir etwas beim *** nicht gefällt bemühe ich mich, dass es verbessert / geändert wird.	2,18	0,38	-

Quelle: eigene Berechnung.

Der Cronbach-Alpha-Koeffizient beträgt für die Skala *Akkommodation* nur 0,53. Der offensichtliche Grund für diese geringe Reliabilität zeigt die Darstellung der Trennschärfe beider Items. Die Items korrelieren nur sehr gering miteinander. Da die Item-Schwierigkeiten jeweils im mittleren Bereich liegen ist daran zu denken das Item g11 zu eliminieren und damit die Skala zu verwerfen.

Abbildung 5.3: Boxplot des Items g11 auf den Antwortstufen des Items g29.

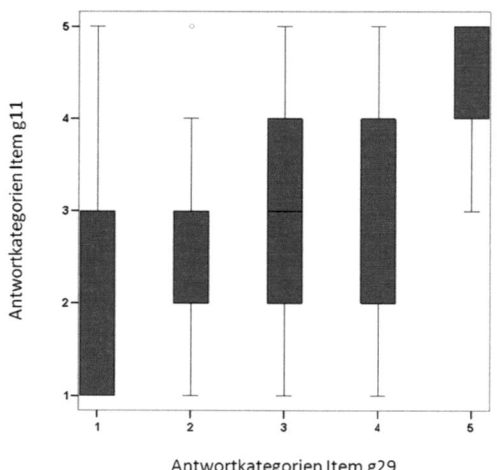

Quelle: eigene Berechnung.

Die Boxplot-Darstellung verdeutlicht den prinzipiell linearen Verlauf der Antwortkategorien beider Items. Problematisch ist jedoch die hohe Streuung der ersten Antwortkategorie des Items g29. 75% der Befragten, die die erste

Antwortkategorie bei Item g29 gewählt haben, wählen eine der ersten drei Kategorien des Items g11. Die verbleibenden 25% wählen sogar Kategorie 4 oder 5 des Items g11, trotz gleichzeitig niedrigem Wert von Items g29. Die Verteilungen der übrigen Kategorien des Items g29 streuen ähnlich stark. Dennoch sind die Items in sofern Trennschaf zu einander, dass ein kleiner Wert bei einem Item mit höherer Wahrscheinlichkeit auch zu einem kleinen Wert des anderen Item führt. Um schließlich die Wahrscheinlichkeit dieser Gruppentren-nung abzuschätzen, soll die Signifikanz der Gruppenunterschiede mit Hilfe des T-Tests berechnet werden (Janssen & Laatz 2003: 309ff.). Dabei wird geprüft, ob sich die Mittelwerte des Items g11 für die Gruppe der Befragten, die die Antwortkategorie 1 des Items g29 gewählt haben, signifikant von der Gruppe der Befragten unterscheidet, die die Antwortkategorie 5 des Items g29 gewählt haben.

Tabelle 5.23: T-Test der Mittelwertunterschiede des Items g11 nach Gruppen der Antwortkate-gorien von Item g29.

Antwort-kategorien von g29	Mittelwert von g11	St.Abw.	T	df	Sig.	Mittlere Diff.	Std.Fehler der Diff.	95% Konf. der Diff.	
1	2,09	1,43						O	U
5	4,40	0,89	-3,51	46,00	0,00	-2,31	0,66	-3,63	-0,99

Quelle: eigene Berechnung.

Die Tabelle 5.15 zeigt die Ergebnisse der T-Test-Berechnung. Der berechnete T-Wert ist hochsignifikant, was zu der Annahme führt, dass die Mittelwerte der beiden Extremgruppen überzufällig voneinander abweichen.

Eine Überprüfung weiterer Gruppenunterschiede liefert zudem signifikante Mittelwertunterschiede zwischen den Befragten, die Antwortkategorie 3 und 4 des Items g29 gewählt hatten (t = -2,4, df = 82, p = 0,02, $K_{95\%}$ = -1,53 / -0,14). Diese Ergebnisse bestätigen die Fähigkeit beider Items, im Sinne der Skala zu differenzieren. Trotz geringem Cronbach-Alpha-Koeffizienten wird die Skala *Akkommodation* daher beibehalten.

5.2.5 Reliabilität, Objektivität und Validität

Die Reliabilitäts- und Itemanalyse liefert Schätzungen der inneren Konsistenz der einzelnen faktorenanalytisch gewonnen Skalen der Helferbefragung als eine Form der Reliabilitätsprüfung. Für die meisten Skalen werden gute bis sehr gute Ergebnisse erzielt. Der mittlere Cronbach-Alpha-Koeffizient über alle Skalen beträgt 0,77 (St.Abw: 0,11). Insgesamt kann dadurch auf ein gute innere Konsistenz als Maß der Reliabilität geschlossen werden.

Eine andere Möglichkeit der Schätzung der Reliabilität in Form der inneren Konsistenz ist die Methode der Testhalbierung. Dabei wird der Test respektive Fragebogen in zwei logische Teile, die jeweils gleiche Inhalte messen sollen, zerlegt und die Konsistenz anhand der Korrelation beider Hälften bestimmt (Bühner 2004: 117f.). Da bei der Konstruktion der Helferbefragung zu jedem Thema jeweils zwei Items formuliert wurden, kann die Reliabilität auf diese Weise gut bestimmt werden (vgl. Kapitel 4.4). Gleichzeitig ist der Fragebogen so aufgebaut, dass die Items beider Hälften den Befragten zeitlich nacheinander präsentiert werden. Die Aufteilung des Fragebogens erfolgt somit auf Grund der Testzeit. Dies ermöglicht Rückschlüsse darauf, ob die Befragung, beispielsweise wegen des Umfangs, zu einem Motivationsverlust bei der Beantwortung der Items zum Ende des Fragebogens führt. Zur Berechnung werden der Spearman-Brown-Koeffizient sowie Guttmans Split-Half-Koeffizient verwendet (Janssen & Laatz, 2003, S. 526). Beide Koeffizienten ergeben einen Wert von 0,96 für die Reliabilität der Befragung. Die Korrelation beider Hälften beträgt $r = 0,93$. Dies sind ausgesprochen hohe Werte, die zum einen den Schluss nahe legen, dass die Motivation zur Beantwortung der Items im Verlauf der Helferbefragung nicht wesentlich abnimmt und der Fragebogen zum anderen unabhängig von den berechneten Skalen eine hohe Konsistenz respektive Reliabilität ausweist.

Bei der Bestimmung der Objektivität kann zwischen Durchführungs- und Auswertungsobjektivität unterschieden werden. Hinzu kommt gegebenenfalls die Interpretationsobjektivität (Bühner 2004: 28f.; Bortz & Doering: 326).

Das Ziel einer hohen Durchführungsobjektivität bedeutet für die Umsetzung der Helferbefragung, dass deren Durchführung von Gliederung zu Gliederung nicht besonders variieren sollte. Dies ist in Anbetracht einer unterschiedlichen und spezifischen Positionierung der Befragung schwierig (vgl. Liebig 2006: 173; zu den Effekten unterschiedlicher Gestaltung von Mitarbeiterbefragungen). Dennoch lassen sich entscheidende Situationen durch verschiedene Standards der Durchführung sowie der Verwendung von gleichen Erhebungsmethoden erzeugen. Die Befragung sollte in Gliederungen die miteinander verglichen werden, einheitlich per Papier-Fragebogen oder online erfolgen. Die Erklärungen zur Befragung sowie die Form des Fragebogens sollten ebenfalls beibehalten werden, um eine gleiche Instruktion und damit Verständlichkeit der Befragung zu garantieren. Bei der vorliegenden Untersuchung wurden diese Bedingungen bei allen Erhebungen erfüllt, so dass von einer ausreichenden Durchführungsobjektivität ausgegangen werden kann.

Die Auswertungsobjektivität bezieht sich darauf, dass die Befragung unabhängig vom Auswerter gleiche Ergebnisse, beispielsweise bei der Eingabe der Daten oder der Berechnung von Prozeduren, liefern muss. Bei geschlossenen Fragen ist dieses Problem sehr gering (Bühner 2004: 29). Offene Fragen sollte so weit wie möglich vermieden und nur Begrenzt zur Problemanalyse herangezogen werden. Ein Vergleich unterschiedlicher Gliederungen anhand von Ergebnissen auf offene Fragen ist nicht sinnvoll. Insgesamt ist es ratsam in die Auswertung der Helferbefragung möglichst wenige Personen einzubinden, die unbedingt über entsprechende Kenntnisse und Erfahrungen hinsichtlich Durchführung und Auswertung der Befragung verfügen sollten. Da die vorgestellten Skalen des Fragebogens nur aus geschlossenen Fragen bestehen und die Erhebung und Analyse ausschließlich von mir selbst vorgenommen wurde, kann die Auswertungsobjektivität hoch eingeschätzt werden.

Gleiches gilt für die Interpretationsobjektivität, die fordert, dass jeder Auswerter zur gleichen Interpretation und Beurteilung der Ergebnisse einer Erhebung kommen sollte. Nach der sozialwissenschaftlichen Methodik sind dafür eine geeignete Stichprobe zur Referenzanalyse sowie die ausreichende Prüfung der Gütekriterien erforderlich, um die Eignung des Erhebungsinstruments zur Beurteilung des Untersuchungsgegenstands sicherzustellen (Bühner 2004: 29). Hinzu kommt eine gewisse Distanz zum Untersuchungsgegenstand. Für die hier vorliege Untersuchung sollen diese Bedingungen durch die wissenschaftliche Vorgehensweise erfüllt werden. Zur Auswertung weiterer Helferbefragungen in der Praxis und der Ableitung weitreichender Interventions- und Folgeprozesse ist ein dementsprechendes Vorgehen angebracht.

Die Validität spielt bei dieser Form der Helferbefragung eine eher untergeordnete Rolle (Bungard & Jöns 1997: 9; sowie die Zusammenfassung von Neugebauer 2003). Die Befragung stellt nicht den Anspruch abstrakte, streng definierte und operationalisierte Konstrukte zu messen, sondern soll zielgruppenspezifische Sachverhalte beim Malteser Hilfsdienst direkt bewerten. Maßgeblich dafür ist die Relevanz dieser Sachverhalte, d.h. der Themen und Inhalte der Helferbefragung. Dazu wurden die Themen im Vorfeld der Befragung zusammen mit der Helferschaft entwickelt und durch die Umsetzung und deren Folgeprozessen in den drei Gliederungen im Sinne einer Expertendiskussion revidiert. Um die Belange der Organisation zu repräsentieren, wurden die Inhalte mit mehreren Beauftragten verschiedener Ebenen des Malteser Hilfsdienstes diskutiert. Die vorliegende Befragung ist daher ein Konsensualresultat aller Beteiligten am Prozess, das jedoch keinen autoritativen Anspruch auf Vollständigkeit erhebt.

Langfristig wäre eine operationalisierte Erfassung von Konstrukten wie *Arbeitszufriedenheit* (Fischer 2006a) oder *Organisationskultur* (Schein 2003) interessant. Auf Grund fehlender expliziter Theorien und erheblichen Messproblemen bleibt eine valide Erfassung solcher Konstruke jedoch bisher zu schwierig (Trefz 2004: 12).

5.3 Veränderungspotential und Folgeprozesse

Vielfach angesprochen wurden die notwendigen Interventions- und Folgeprozesse der Mitarbeiterbefragungen zur Organisationsentwicklung. Dementsprechend kulminiert die Qualitätsuntersuchung der Helferbefragung in der Diskussion ihres Veränderungspotentials.

Notwendige Voraussetzung für ein hohes Veränderungspotential stellen die bisher geprüften Gütekriterien der Akzeptanz und der Fragebogenqualität dar (Liebig 2006: 169). Nur durch zuverlässige Messungen und eine vergleichbare Bewertung der Sachverhalte innerhalb der Gliederungen wird es möglich, geeignete Maßnahmen abzuleiten, die sich als wirksam und effizient im Rahmen der Organisationsverbesserung erweisen. Das Veränderungspotential ist nicht am Grad der Veränderung zu messen, sondern an dessen Nutzen für die Organisation.

Hinsichtlich dieser Voraussetzungen bietet die Helferbefragung bereits gute Eigenschaften. In wie weit die Helferbefragung diesem letzten Gütekriterium gerecht wird, kann nur durch deren systematische Anwendung abgeschätzt werden. Die Effektgröße aller Interventionsprozesse ist in einem gewissen Maß an der Entwicklung der Skalenwerte der Helferbefragung ablesbar. Dies ermöglicht die Kontrolle wichtiger Kennzahlen zur Organisationsführung. Sollen Interventionsmaßnahmen dagegen isoliert bewertet werden, ist eine unabhängige, spezifische Evaluation dieser Einzelmaßnahmen notwendig, die eigens entwickelt werden muss.

Grundsätzlich sind Mitarbeiterbefragungen wie die untersuchte Helferbefragung lediglich ein Glied – wenn auch ein Wichtiges – in einer langen Kette von Maßnahmen zur Organisationsentwicklung. Keineswegs sind sie die Organisationsentwicklung selbst (Liebig 2006: 183). Entscheidend ist, dass die Helferbefragung als Bestandteil dieser Organisationsentwicklung gesehen und ihr Prozesscharakter deutlich wird. Das impliziert die Durchführung von umfangreichen Folgeprozessen im Anschluss an die Befragung und die Verzahnung mit Veränderungsstrategien der Organisation.

Im Fall der untersuchten Helferbefragung haben sich beim Malteser Hilfsdienst Feedbackseminare und Workshops bewährt. In Feedbackseminaren wurden Ergebnisse mit allen Helfern diskutiert und Handlungsfelder identifiziert. Durch die Ortsleitung oder den Führungskreis wird daraufhin festgelegt, welche Handlungsfelder bevorzugt bearbeitet werden sollen und Arbeitsgruppen eingerichtet, die konkrete Interventionsmaßnahmen zu den Handlungsfeldern entwickeln. Die Ortsleitung und die jeweiligen Arbeitsgruppen können dabei durch eine tiefergehende Analyse der Befragungsergebnisse, beispielsweise der Untersuchung von Teilgruppen, unterstützt werden. Schließlich werden die Maßnahmen umgesetzt und durch nachfolgende Helferbefragungen kontrolliert.

Bleiben diese Folgeprozesse aus, ist die Helferbefragung bestenfalls wirkungslos. Schlimmstenfalls führt sie dagegen zu Demotivation, Missmut und Zynismus innerhalb der Helferschafft (a.a.O.). Darüber hinaus hat sich die Vermeidung von Konkurrenzsituationen als zielentscheidend hinsichtlich einer Organisationsverbesserung erwiesen. Insbesondere innerhalb einer Gliederung sollten keine Helfergruppen anhand von Befragungsergebnissen stigmatisiert werden. Auch beim Benchmarking, also dem Vergleich von Gliederungen oder Gliederungsteilgruppen, ist eine positive und konstruktive Kritik erforderlich. Hinzukommt, dass ein Vergleich bestimmter Sachverhalte für unterschiedliche Helfergruppen nicht immer sinnvoll ist. Besser als Teilgruppenvergleiche untereinander sind beispielsweise jährliche, zyklische Vergleiche der Ergebnisse einzelner Helfergruppen und ganzer Gliederungen im Verlauf. Die Helferbefragung muss somit immer auch als invasives Instrument verstanden werden, das bei schlechter Anwendung nachteilig wirken kann.

6 Zusammenfassung und Ausblick

In der vorliegenden Arbeit wird die Entwicklung einer Befragung ehrenamtlicher Helfer in Non-Profit-Organisationen am Beispiel des Malteser Hilfsdienstes vorgestellt und deren Qualität in Form einer Stichprobenuntersuchung über- prüft. Dazu werden anhand der theoretischen Grundlagen gängiger Mitarbeiter- befragungsmodelle Gütekriterien für den Befragungsprozess abgeleitet, die eng an die Prinzipien der Evaluationsforschung angelehnt sind. Die Helferbefragung kann daher als ein Evaluationsinstrument der ehrenamtlichen Struktur verstan- den werden.

Die formulierten Gütekriterien heben den Prozesscharakter der Helferbefragung hervor. Durch Akzeptanzkriterien soll die Qualität der Planungs- und Positionie- rungsprozesse abschätzbar werden. Da die Befragung der Helfer zur Entwick- lung von Interventionsprogrammen auf Grundlage deren Meinungen und Einstellungen führen soll, ist die Akzeptanz der Helferbefragung innerhalb der Organisation eine notwendige Voraussetzung für den Erfolg des Gesamtpro- zesses. Unter Beachtung bestimmter Bedingungen, etwa der Gewährleistung einer freiwilligen Teilnahme, lässt sich die Akzeptanz durch die Höhe der Beteiligung an der Helferbefragung beurteilen. Statistisch können Rückschlüsse auf die Erfüllung der Akzeptanzkriterien daher in Form einer Schätzung der Repräsentativität gezogen werden.

Eine weitere notwendige Voraussetzung stellt die Qualität der Messung von relevanten Sachverhalten, d.h. der Meinung und Einstellung der Helfer, dar. Diese wird in erster Linie durch die Güte des verwendeten Messinstruments im Befragungsprozess bestimmt. Zur Überprüfung des entwickelten Helfer- fragebogens werden dazu die Gütekriterien der Klassischen Testtheorie heran- gezogen. Mit Hilfe der Faktorenanalyse können die einzelnen Items des Frage- bogens zunächst zu verschiedenen Skalen verdichtet werden, die dann anhand der Reliabilitäts- und Itemanalyse auf ihre testtheoretische Eignung hin über- prüft werden.

Schließlich vervollständigt die Einschätzung des Veränderungspotentials die Überprüfung der Qualität des Helferbefragungsprozesses. Die Helferbefragung muss sich daran messen lassen, in wie weit sie in der Lage ist ihre Zielsetzung zu erfüllen und Veränderungsprozesse im Sinne einer nachhaltigen Organisationsverbesserung einzuleiten. Dementsprechend stellt das Veränderungspotential ein finales Gütekriterium dar, für das die Akzeptanz- und testtheoretischen Gütekriterien zwar notwendige, aber keine hinreichenden Voraussetzungen liefern. Erst durch hohe Akzeptanz der Befragung und eine gute Qualität der Ergebnisse, lassen sich die richtigen Handlungsfelder und Maßnahmen zur Organisationsverbesserung ableiten. Letztendlich entscheidet jedoch die tatsächliche Bereitschaft der Organisation zur eigenen Entwicklung über die Ausgestaltung dieser wichtigen Folgeprozesse. Nur in einer flexiblen Organisation, die bereit ist von ihren Mitgliedern zu lernen, kann die Helferbefragung durch ernstgemeinte und umfangreiche Feedbackveranstaltungen gewinnbringende Effekte erzielen.

Im Rahmen dieser Arbeit kann eine Einschätzung des Veränderungspotentials der Helferbefragung nur oberflächlich sein, da sich dies erst im Verlauf der Anwendung, unter Berücksichtigung der Form der Folgeprozesse, sinnvoll abschätzen lässt. Die Ergebnisse der Untersuchung zeigen, dass die wichtigen Voraussetzungen hierfür gegeben sind. Mit der dargestellten Form der Positionierung der Befragung und dem entwickelten Helferfragebogen werden die nötigen Gütekriterien erfüllt.

Die Qualität eines Instruments schützt dagegen nicht vor falscher Anwendung. Welchen tatsächlichen Nutzen die Helferbefragung für die anwendende Organisation haben kann und unter welchen Bedingungen dieser maximiert wird, ist darüber hinaus eine interessante Fragestellung für zukünftige Untersuchungen.

7 Literatur

Abele, A., Cohrs, J.-C. & Dette, D.-E. (2006). Arbeitszufriedenheit - Person oder Situation? In L. Fischer (Hrsg.), *Arbeitszufriedenheit. Konzepte und empirische Befunde* (S. 205-226). Göttingen: Hogrefe Verlag.

Alderfer, C. (1972). *Existance, relatedness, and growth: Human needs in organizational.* New York: Free Press.

Backhaus, K., Erichson, B., Plinke, W. & Weiber, R. (2006). *Multivariate Analysemethoden. Eine anwendungsorientierte Einführung* (11. Auflage Ausg.). Berlin: Springer.

Bien, D. (1995). *Problemanalyse durch Mitarbetierbefragung. Arbeitshilfe für die Praxis sozialer Einrichtungen und Organisationen.* Freiburg im Breisgau: Lambertus.

Bierhoff, H. (2004). Organisation und Kommunikation in Nonprofit-Einrichtungen, Sozialpsychologische Perspektiven. In G. d. (GEP; Hrsg.), *Öffentlichkeitsarbeit in Non-Profit-Organisationen* (S. 423-450). Wiesbaden: Gabler.

Böhm, W. (1997). Mitarbeiterbefragungen - Juristische Rahmenbedingungen. In W. Bungard & I. Jöns (Hrsg.), *Mitarbeiterbefragungen. Ein Instrument des Innovations- und Qualitäsmanagements* (S. 236-246). Weinheim: Psychologie Verlags Union.

Borg, I. (2000). *Führungsinstrument Mitarbeiterbefragung. Theorien, Tools und Praxiserfahrungen.* Göttingen: Verlag für Angewandte Psychologie.

Borg, I. & Bergermaier, R. (1995). Mitarbeiterbefragungen unde Modelle des Mitarbeiters: Von mechanistischen Ansätzen zur strategischen Einbindung. In J. Freimuth & B.-U. Kiefer, *Geschäftsberichte von unten. Konzepte für Mitarbeiterbefragungen* (S. 11-39). Göttingen: Hogrefe Verlag.

Borkenau, P. & Ostendorf, F. (1993). *NEO-Fünf-Faktoren Inventar (NEO-FFI) nach Costa und McCrae. Handanweisung.* Göttingen: Hogrefe Verlag.

Bortz, J. (2006). *Statistik für Human und Sozialwissenschaftler* (6. Auflage Ausg.). Berlin: Springer Verlag.

Bortz, J. & Doering, N. (Hrsg.). (2006). *Forschungmethiden und Evaluation. für Human und Sozialwissenschaftler* (4. Auflage Ausg.). Berlin: Springer Verlag.

Böttcher, W., Holtappels, H. G. & Brohm, M. (2006). Evaluation im Bildungswesen. In W. Böttcher, H. G. Holtappels & M. Brohm (Hrsg.), *Evaluation im Bildungswesen. Eine Einführung in Grundlagen und Praxisbeispiele* (S. 7-23). Weinheim und München: Juventa Verlag.

Brockhaus-Duden-Neue-Medien-GmbH (Hrsg.). (2003). *Duden: Das Große Fremdwörterbuch.* Mannheim, Leipzig, Wien, Zürich: Duden Verlag.

Bühner, M. (2004). *Einführung in die Test- und Fragebogenkonstruktion.* München: Pearson Studium.

Bundgard, W. (2005). Mitarbeiterbefragungen. In I. Jöns & W. Bungard (Hrsg.), *Feedbackinstrumente im Unternehmen. Grundlagen, Gestaltungshinweise, Erfahrungsberichte* (S. 162-173). Wiesbaden: Gabler Verlag.

Bundgard, W. (1997). Mitarbeiterbefragungen als Instrument modernen Innovations- und Qualitätsmanagements. In W. Bundgard & I. Jöns (Hrsg.), *Mitarbeiterbefragung. Ein Instrument des Innovations- und Qualitätsmanagements* (S. 5-15). Weinheim: Psychologie Verlags Union.

Bungard, W. & Jöns, I. (1997). *Mitarbeiterbefragung. Ein Instrument des Innovations- und Qualitätsmanagements.* Weinheim: Psychologie Verlags Union.

Bungard, W., Puhl: & Trost, A. (1999). *Explorative Studie zum Thema Mitarbeiterbefragungen in mittelständischen Unternehmen.*

Büssing, A., Herbig, B., Bissels, T. & Krüsken, J. (2006). Formen der Arbeitszufriedenheit und Hanldungsqualität in Arbeits- und Nicht-Arbeitskontexten. In L. Fischer (Hrsg.), *Arbeitszufriedenheit. Konzepte und empirische Befunde* (S. 135-160). Göttingen: Hogrefe Verlag.

Caspari, A. (2004). *Evaluation der Nachhaltigkeit von Entwicklungszusammenarbeit.* Wiesbaden: Vs Verlag.

Comelli, G. (1997). Mitarbeiterbefragungen und Organisationsentwicklungsprozesse. In W. Bungard & I. Jöns, *Mitarbeiterbefragung. Ein Instrument des Innovations- und Qualitätsmanagements* (S. 23-59). Weinheim: Psychologie Verlags Union.

Costa, P.-T. & McCrae, R.-R. (1992). *Revised NEO Personality Inventory (NEO PI-R) and NEO Five Factor Inventory. Professional Manual.* Odessa: Psychological Assessment Resources.

Deutsche Malteser gGmbH. (2008c). *Auslandsarbeit.* Abgerufen am 09.03.2008 von Die Malteser in Deutschland: http://www.malteser.de/1.09.Dienstleistungen/1.09.08.Auslandsarbeit/Auslandsarbeit.htm

Deutsche Malteser gGmbH. (2008e). *Ehrenamtliche Besuchs- und Begleitungsdienste.* Abgerufen am 08.03.2008 von Die Malteser in Deutschland: http://www.malteser.de/1.09.Dienstleistungen/1.09.03.Senioren/1.09.03.10.Ehrenamtliche_Besu chsdienste/Ehrenamtliche_Besuchsdienste.htm

Deutsche Malteser gGmbH. (2008b). *Malteser Ausbildung.* Abgerufen am 17.02.2008 von Malteser in Deutschland: http://www.malteser.de/63.malteser_ausbildung/index.asp

Deutsche Malteser gGmbH. (2008d). *Notfallhilfe*. Abgerufen am 07.03.2008 von Die Malteser in Deutschland: http://malteser.de/1.09.Dienstleistungen/1.09.10.Notfallhilfe/Notfallhilfe.htm

Deutsche Malteser gGmbH. (2008f). *Organigramm*. Abgerufen am 08.03.2008 von Die Malteser in Deutschland: http://www.malteser.de/1.14.Organisation/Organigramm.htm

Deutsche Malteser gGmbH. (2008a). *Unsere Leitsätze*. Abgerufen am 15.02.2008 von Malteser-Hilfdienst e.V. - Leitsätze:
http://www.malteser.de/1.14.Organisation/1.14.03.MHD_eV/1.14.03.01.Leitsaetze_MHD_eV/M HD_Leitsaetze.htm

DGEVAL. (2008). *Deutsche Gesellschaft für Evaluation*. Abgerufen am 28.01.2008 von Standards der Evaluation: www.dgeval.de

Domsch, M. & Schneble, A. (1991). Mitarbeiterbefragungen - Eine Leitlinie zum Projektmanagement. In M. Domsch & A. Schneble (Hrsg.), *Mitarbeiterbefragungen* (S. 1-25). Heidelberg: Physica Verlag.

Domsch, M.-E. & Ladwig, D. (2006). Mitarbeiterbefragungen - Stand und Entwicklungen. In M. Domsch & D. Ladwig (Hrsg.), *Handbuch Mitarbeiterbefragungen* (S. 1-14). Berlin: Springer Verlag.

Domsch, M.-E. & Siemers:-H.-A. (1995). Mitarbeiterbefragungen. In J. Freimuth & B.-U. Kiefer (Hrsg.), *Geschäftsberichte von unten* (S. 39-73). Göttingen: Hogrefe Verlag.

Eberl, M. (2004). Formative und reflektive Indikatoren im Forschungsprozess: Entscheidungsregeln und die Dominanz des reflektiven Modells. (I. f. Organisation, Hrsg.) *Schriften zur Empirischen Forschung und Quantitativen Unternehmensplanung* (Heft 19/2004).

Eberl, M. (2006). Formative und reflektive Konstrukte und die Wahl des Strukturgleichungsverfahrens. Eine statistische Entscheidungshilfe. *Die Betriebswirtschaft (DBW) , 66.Jg.* (Heft 6): 651-668.

Fanke, J. & Kühlmann, T.-M. (1989). Organisationsdiagnostik. In S. Greif, H. Holling & N. Nicholson (Hrsg.), *Arbeits- und Organisationspsychologie. Iternationales Handbuch in Schlüsselbegriffen* (S. 350-353). München: Psychologie Verlags Union.

Fehmer: (2004). *Bezeugung des Glaubens und Hilfe den Bedürftigen, oder doch nur: Hilfe braucht Helfer? Eine Standortbestimmung des Glaubens-Grundsatzes der Malteser-Ritter und seine Umsetzung im Malteser-Hilfsdienst heute.* Diplomarbeit, Katholische Fachhochschule Paderborn, Religionspädagogik, Paderborn.

Felfe, J. & Six, B. (2006). Die Relation von Arbeitszufriedenheit und Commitment. In L. Fischer (Hrsg.), *Arbeitszufriedenheit* (2. Auflage Ausg.: 37-61). Göttingen: Hogrefe Verlag.

Fies, N. & Schmitt, V. (1997). Mitarbeiterbefragungen - Ausgangsbasis für Benchmarking? In W. Bungard & I. Jöns (Hrsg.), *Mitarbeiterbefragung. Ein Instrument des Innovations- und Qualitätsmanagements* (S. 195-214). Weinheim: Psychologie Verlags Union.

Fischer, L. (Hrsg.). (2006a). *Arbeitszufriedenheit. Konzepte und empirische Befunde.* Göttingen: Hogrefe Verlag.

Fischer, L. (2006b). Arbeitszufriedenheit: Steuerungstechnik der Arbeitsmoral oder mess-sensibles Artefakt? Die Forschungsarbeiten im Überblick. In L. Fischer (Hrsg.), *Arbeitszufriedenheit. Konzepte und empirische Befunde* (S. 1-11). Göttingen: Hogrefe Verlag.

Fischer, I. & Lück, H.-E. (1972). Entwicklung einer Skala zur Messung der Arbeitszufriedenheit. *Psychologie und Praxis* (16): 64-76.

Fowler, F.-J. (2002). *Survey research methods* (3rd Edition Ausg.). Thousand Oaks: Sage Publications.

Freimuth, J. & Kiefer, B.-U. (Hrsg.). (1995). *Geschäftsberichte von unten. Konzepte für Mitarbeiterbefragungen.* Göttingen: Hogrefe Verlag.

Ganserer, J. & Große-Peclum, K.-H. (1995). Mitarbeiter-Meinungsumfragen als Bestandteil der Organisationsentwicklung. In J. Freimuth & B.-U. Kiefer, *Geschäftsberichte von unten. Konzepte für Mitarbeiterbefragungen* (S. 95-124). Göttingen: Verlag für angewandte Psychologie.

Gottschall, D. (1988). Ohren an der Basis. *Manager Magazin*, 220-231.

Google. (2008). *Mitarbeiterbefragung.* Abgerufen am 12.02.2008 von Google Deutschland: http://www.google.de/search?hl=de&q=Mitarbeiterbefragung&meta=

Goyder, J. (1987). *The silent minority.* Cambridge: Polity Press.

Hentig, H. v. (1999). *Ach, die Werte! Ein öffentliches Bewußtsein von zwiespältigen Aufgaben. Über eine Erziehung für das 21. Jahrhundert.* München: Hanser.

Herzberg, F., Mausner, B. & Snyderman, B. (1959). *The Motivation to Work.* New York: Wiley.

Hey, A.-H. (2006). Organisationsentwicklung durch Mitarbeiterbefragungen bei der AXA. In M. Domsch & D.-H. Ladwig (Hrsg.), *Handbuch Mitarbeiterbefragung* (S. 61-79). Berlin: Springer.

Janssen, J. & Laatz, W. (2003). *Statistische Datenanalyse mit SPSS für Windows.* Berlin: Springer.

Jarvice, C.-B., Mackenzie:-B. & Podsakoff, P.-M. (September 2003). A Critical Review of Construct Indicators and Measurement Model Misspecification in Marketing and Consumer Research. *Journal of Consumer Research, Inc.* (Vol. 30): 199-218.

Jesske-Müller, B. (1995). Die Auswertung betriebsinterner Fragebogenaktionen - Der Weg vom Kreuz zur Erkenntnis. In J. Freimuth & B.-U. Kiefer (Hrsg.), *Geschätfberichte von unten: Konzepte für Mitarbeiterbefragungen* (S. 73-95). Göttingen: Verlag für Angewandte Psychologie.

Jöns, I. (1997). Formen und Funktionen von Mitarbeiterbefragungen. In W. Bungard & I. Jöns (Hrsg.), *Mitarbeiterbefragung. Ein Instrument des Innovations- und Qualitätsmanagements* (S. 15-32). Weinheim: Psychologie Verlags Union.

Jöns, I. (1997). Formen und Funktionen von Mitarbeiterbefragungen. In W. Bungard & I. Jöns (Hrsg.), *Mitarbeiterbefragung* (S. 15-32). Weinheim: Psychologie Verlags Union.

Karmon, Y. (2004). *Die Johanniter und Malteser.* Augsburg: Weltbild.

Klinck, D. (2002). *Computergestuetzte Diagnostik. Beeinflußt das Medium der Testbearbeitung die Testcharakteristika, die Testfairness oder das Erleben der Testsituation?* Göttingen: Hogrefe Verlag.

Krämer, W. (2002). *So lügt man mit Statistik.* München: Piper Verlag.

Krämer, W. (2001). *Statistik verstehen. Eine Gebrauchsanweisung.* München: Piper Verlag.

Kraut, A. & Freeman, F. (1992). *Upward communications: Programs in American industry* (Bd. Report No. 152). NC: Center for Creative Leadership.

Krefting, L. & Frost, P.-J. (1985). Untangling Webs, Surfing Waves, and Wildcatting: A Multiple Metaphor Perspective on Managing a Corporate Culture. In P.-J. Frost, L.-F. Moore, M.-R. Louis, C.-C. Lundberg & J. Martin (Hrsg.), *Organizational Culture* (S. 155-168). Beverly Hills: Sage Publications.

Lang, F.-R. & Lüdtke, O. (2005). Der Big Five-Ansatz der Persönlichkeitsforschung: Instrumente und Vorgehen. In S. Schumann & H. Schoen, *Persönlichkeit. Eine vergessene Größe in der empirischen Sozialforschung* (S. 30-39). Wiesbaden: VS Verlag.

Lauterburg, C. (1995). Die Stimme der Basis: Mitarbeiter befragen 600 Kollegen im Betrieb. In J. Freimuth & B.-U. Kiefer (Hrsg.), *Geschäftsberichte von unten: Konzepte für Mitarbeiterbefragungen* (S. 153-174). Göttingen: Verlag für angewandte Psychologie.

Liebig, C. (2006). *Mitarbeiterbefragungen als Interventionsinstrument.* Wiesbaden: Deutscher Universitäts Verlag.

Malteser Hilfsdienst e.V. (2008). *Homepage der Malteser-Jugend auf Bundesebene.* Abgerufen am 07. 03 2008 von Malteser-Jugend: http://mhd.malteser.de/MHD/malteser-jugend/index.html

Malteser Hilfsdienst e.V. (2003). *Satzung des Malteser Hilfsdienst e.V.* Köln: Amtsgericht Köln VZ 4726.

Marshall, J. & McLean, A. (1985). Exploring Organisation Culture as a Route to Organisational Change. In V. Hammond (Hrsg.), *Current Research in Management* (S. 2-20). London: Francis Pinter.

Maslow, A. (1977). *Motivation und Persönlichkeit.* Reinbeck bei Hamburg: Rohwohlt.

McClelland, D. C. (1985). *Human Motivation.* Glenview: Scott, Foresman and Company.

Mertens, C. (2006). Die Siemens Mitarbeiterbefragung via Intranet / Internet. In M.-E. Domsch & D.-H. Ladwig (Hrsg.), *Handbuch Mitarbeiterbefragung* (S. 187-197). Berlin: Springer Verlag.

Metul: (2006). *Motivation zum ehrenamtlichen Engagement und allgemeine Lebensziele von MitarbeiterInnen verschiedener Vereine.* Diplomarbeit, Instutut für Psychologie, Graz.

Neuberger, O. & Allerbeck, M. (1978). *Messung und Analyse von Arbeitszufriedenheit.* Bern: Hans Huber.

Neugebauer, B. (2003). *Mitarbeiterbefragungen. Ein Literaturbericht.* ZUMA Methodenbericht, Zentrum für Umfragen, Methoden und Analysen (ZUMA), Mannheim.

Nieder, P. (1995). Die Arbeitssituationserfassung als ein Instrument zur Reduktion von Fehlzeiten. In J. Freimuth & B.-U. Kiefer (Hrsg.), *Geschäftsberichte von unten: Konzepte für Mitarbeiterbefragungen* (S. 229-241). Göttingen: Verlag für Angewandte Psychologie.

Pöbel, K. & Müller, G. (1995). Führungskräftebefragungen - von der quantitativen Erhebung zur qualitativen Wirkung: Führung und Unternehmenskultur gezielt gestalten. In J. Freimuth & B.-U. Kiefer (Hrsg.), *Geschäftsberichte von unten: Konzepte für Mitarbeiterbefragungen* (S. 125-153). Göttingen: Verlag für Angewandte Psychologie.

Porst, R. (2000). *Question Wording – Formulierung von Fragebogen-Fragen.* Mannheim: Zentrum für Umfragen, Methoden und Analysen.

Projektgruppe-Mitarbeiterbefragung. (1980). *Die Mitarbeiterbefragung. Baustein einer zeitgemäßen Unternehmensführung.* Gütersloh: Gütersloher Druckservice GmbH.

Rasch, B., Friese, M., Hofmann, W. & Naumann, E. (2006). *Quantitative Methoden. Einführung in die Statistik* (2. Auflage Ausg., Bd. 1). Berlin: Springer Verlag.

Rost, J. (1996). *Lehrbuch Testtheorie, Testkonstruktion* (1. Auflage Ausg.). Bern, Göttingen, Toronto, Seattle: Hans Huber.

Schein, E.-H. (2003). *Organisationskultur. The Ed Schein Corporate Culture Survival Guide.* Bergisch Gladbach: Edition Humanistische Psychologie .

Schmidt, K. (2006). Beziehung zwischen Arbeitszufriedenheit und Arbeitsleistung: Neue Entwicklungen und Perspektiven. In L. Fischer (Hrsg.), *Arbeitszufriedenheit. Konzepte und empirische Befunde* (S. 189-205). Göttingen: Hogrefe Verlag.

Schnell, R., Hill, P.-B. & Esser, E. (1999). *Methoden der empirischen Sozialforschung* (6. Auflage Ausg.). München: Oldenbourg Verlag.

Schuler, H. (2003). *Organisationspsychologie* (1. Auflage Ausg.). Bern: Huber Verlag.

Schüll, P. (2003). *Motive Ehrenamtlicher. Eine soziologische Studie zum freiwilligen Engagement in ausgewählten Ehrenamtsbereichen.* Dissertation, Universität Bayreuth, Kulturwissenschaftliche Fakultät, Bayreuth.

Schultz-Gambard, J. & Bungard, W. (1997). Gruppendiskussionsverfahren. In W. Bungard & I. Jöns (Hrsg.), *Mitarbeiterbefragung. Ein Instrument des Innovations und Qualitätsmanagements* (S. 114-129). Weinheim: Psychologie Verlags Union.

Spendolini, M. J. (1992). *The Benchmarking Book.* New York: Amacom Books.

Stockmann, R. (2006). Qualitätsmanagement und Evaluation. In W. Böttcher, H. G. Holtappels & M. Brohm (Hrsg.), *Evaluation im Bildungswesen. Eine Einführung in Grundlagen und Praxisbeispiele* (S. 23-39). Weinheim und München: Juventa Verlag.

Töpfer, A. (1997). Kernfragen des Benchmarking. In A. Töpfer (Hrsg.), *Benchmarking. Der Weg zu Best Practice.* Berlin: Springer.

Trefz, A. (2004). *Summative Evaluation eines Mitarbeiterfragebogens als formativer Ansatz zur Optimierung von Mitarbeiterbefragungen.* Diplomarbeit, Universität Konstanz, Psychologie, Konstanz.

Trost, A. (1997). Datenmanagement bei einer Mitarbeiterbefragung. In W. Bungard & I. Jöns (Hrsg.), *Mitarbeiterbefragung. Ein Instrument des Innovations- und Qualitätsmanagements* (S. 148-166). Weinheim: Psychologie Verlags Union.

Verfürth, C. (2006). Mitarbeiterbefragung bei der Deutschen Apotheker- und Ärztebank eG. In M. Domsch & D.-H. Ladwig (Hrsg.), *Handbuch Mitarbeiterbefragung* (S. 27-61). Berlin: Springer Verlag.

Wieland, R., Krajewski, J. & Memmou, M. (2006). Arbeitsgestaltung, Persönlichkeit und Arbeitszufriedenheit. In *Arbeitszufriedenheit. Konzepte und empirische Befunde* (S. 226-243). Göttingen: Hogreve Verlag.

Wienand, A. (Hrsg.). (1988). *Der Johanniterorden - Der Malteserorden.* Köln: Wienand Verlag.

Wiendieck, G. (1997). Führungskräfte im Urteil ihrer Mitarbeiter - Ein Erfahrungsbericht. In W. Bungard & I. Jöns (Hrsg.), *Mitarbeiterbefragung. Ein Instrument des Innovations- und Qualitätsmanagement* (S. 386-399). Weinheim: Psychologie Verlags Union.

Yousfi: (2003). *Multivariate Methoden der Testkonstruktion.* Ruprecht-Karls-Universität Heidelberg, Fakultät für Verhaltens- und Empirische Kulturwissenschaften, Heidelberg.

Zdrowomyslaw, N. & Kasch, R. (2002). *Betriebsvergleiche und Benchmarking für die Managementpraxis. Unternehmensanalyse, Unternehmenstransparenz und Motivation durch Kenn- und Vergleichsgrößen.* München und Wien: Oldenbourg Wissenschaftsverlag.

Züll, C. & Mohler, P.-P. (2001). *Computergestützte Inhaltsanalyse: Codierung und Analyse von Antworten auf offene Fragen.* Mannheim: Zemtrum für Umfragen, Methoden und Analysen (ZUMA).

8 Abbildungsverzeichnis

9 Tabellenverzeichnis

10 Anhang

I. Mitarbeiterfragebogen im Rahmen der DIN EN ISO 9001

✠ Malteser	Mitarbeiterzufriedenheit gem. VA 06-02		Dienststelle Greven		

Nr.	Frage	1 sehr gut	2 gut	3 befriedigend	4 genügend	5 nicht genügend
1	Mit der Zusammenarbeit innerhalb der Dienststelle Greven bin ich zufrieden (nur Hauptamtliche).					
2	Ich verstehe wie meine Arbeitsleistung gemessen wird.					
3 a	Ich habe Vertrauen zu den Entscheidungen meines direkten Vorgesetzten.					
3 b	... der Führungsrunde.					
4	Die Malteser ermöglichen mir meine persönliche Entwicklung voranzutreiben.					
5	Ich bin mit den Arbeitsbedingungen zufrieden.					
6	Das Arbeitsklima ist.					
7	Ich bin zufrieden mit:					
7a	Bezahlung (nur Hauptamtliche).					
7b	Sicherheit des Arbeitsplatzes (nur Hauptamtliche).					
7c	Anerkennung meiner Leistung.					
7d	Faire Behandlung.					
7e	Interne Kommunikation.					
8	Der Patient ist mit unseren Leistungen zufrieden.					
9	Ich würde die Malteser Greven weiterempfehlen.					

10. Was würdest Du an unserer Dienststelle zur Optimierung des Arbeitsablaufes vordringlich verbessern ?

Version 3.1			Seite 1 von 1	
Stand: 12.03.2003	Dienststelle Greven			

II. Fragebogen der Pilotbefragung

	trifft voll zu	trifft eher zu	trifft eher nicht zu	trifft gar nicht zu	weiß nicht bzw. betrifft mich nicht
1 Ich bin gern beim MHD Greven	o	o	o	o	o
2 Ich bin unzufrieden wie es beim MHD Greven läuft	o	o	o	o	o
3 Ich bin zufrieden mit meiner Position beim MHD Greven	o	o	o	o	o
4 Meine ehrenamtliche Tätigkeit beim MHD Greven macht mir Spaß	o	o	o	o	o
5 Das Arbeitsklima ist gut	o	o	o	o	o
6 Der Dienst beim MHD Greven hat mich schon mal psychisch belastet	o	o	o	o	o
7 Die Arbeit beim MHD Greven ist anstrengend	o	o	o	o	o
8 Die Arbeitsbedingungen sind gut	o	o	o	o	o
9 Die Arbeitsbelastung beim MHD Greven wird immer größer	o	o	o	o	o
10 Ich fühle mich von Kollegen schlecht behandelt	o	o	o	o	o
11 Ich habe Angst, ich könnte meinen Arbeitsplatz beim MHD Greven zu verlieren	o	o	o	o	o
12 Ich wurde schon von Kollegen gemobbt	o	o	o	o	o
13 Meine Arbeit wird häufig kritisiert	o	o	o	o	o
14 Meine Arbeitsleistung wird anerkannt	o	o	o	o	o
15 Das Material für die Erste-Hilfe Ausbildung ist gut	o	o	o	o	o
16 Das PDE-Gerät ist schwierig zu bedienen	o	o	o	o	o
17 Die Aufenthaltsräume an der Wache müssen renoviert werden	o	o	o	o	o
18 Die Ausstattung der Wache ist gut	o	o	o	o	o
19 Die Dienstkleidung ist gut	o	o	o	o	o
20 Die Einsatzfahrzeuge sind häufig dreckig	o	o	o	o	o
21 Die Erfassung der Einsätze über den Computer ist eine gute Sache	o	o	o	o	o
22 Die Fahrzeuge werden häufig schlecht übergeben	o	o	o	o	o
23 Die Gruppenstunden der Malteser-Jugend stören den Dienstablauf	o	o	o	o	o
24 Die sanitären Anlagen an der Wache müssen renoviert werden	o	o	o	o	o
25 Die Wache ist häufig dreckig	o	o	o	o	o
26 Die Wache ist in einem guten Zustand	o	o	o	o	o
27 Durch die LKW bei Aldi fühle ich mich nachts gestört	o	o	o	o	o
28 Es war gut die grauen Fahrtenbücher vom KTW und RTW abzuschaffen	o	o	o	o	o
29 Ich kann an der Wache gut schlafen	o	o	o	o	o
30 Unsere Einsatzfahrzeuge (KTW 1, 2, 3 / RTW) sind gut ausgestattet	o	o	o	o	o
31 Viele Kollegen achten nicht genug auf Sauberkeit an der Wache	o	o	o	o	o
32 Die Aufwandsentschädigung für den KTW (20 €) finde ich angemessen	o	o	o	o	o
33 Die Aufwandsentschädigung für den RTW (5 €) finde ich angemessen	o	o	o	o	o
34 Die Aufwandsentschädigung für den Rückholdienst finde ich angemessen	o	o	o	o	o
35 Die ehrenamtliche Arbeit beim MHD Greven wird zu wenig bezahlt	o	o	o	o	o
36 Mein Lohn/Gehalt ist meiner Arbeit angemessen (...nur Hauptamtliche und GFB)	o	o	o	o	o
37 Ohne Aufwandsentschädigung (20 €) würde ich nicht mehr so viel KTW fahren	o	o	o	o	o
38 Das Verhältnis zwischen Haupt- und Ehrenamt ist gut	o	o	o	o	o
39 Die ehrenamtliche Arbeit wird von den Hauptamtlichen nicht ernst genommen	o	o	o	o	o
40 Die Ehrenamtlichen behandeln die Hauptamtlichen häufig nicht fair	o	o	o	o	o
41 Die Ehrenamtlichen werden durch das Hauptamt entlastet	o	o	o	o	o
42 Die Hauptamtlichen behandeln die Ehrenamtlichen häufig nicht fair	o	o	o	o	o
43 Die Hauptamtlichen gefährden das Ehrenamt beim MHD Greven	o	o	o	o	o
44 Die Hauptamtlichen leisten gute Arbeit	o	o	o	o	o
45 Die Hauptamtlichen sind häufig unfreundlich	o	o	o	o	o
46 Es sind zu viele hauptamtliche Kräfte eingestellt	o	o	o	o	o

I

	trifft voll zu	trifft eher zu	trifft eher nicht zu	trifft gar nicht zu	weiß nicht bzw betrifft mich nicht
47 Es sind zu wenig hauptamtliche Kräfte eingestellt	o	o	o	o	o
48 Ich habe Vertrauen zu den Hauptamtlichen	o	o	o	o	o
49 Ich wurde von einem oder mehreren Hauptamtlichen schon unfair behandelt	o	o	o	o	o
50 Die Führungsrunde besteht aus den richtigen Personen	o	o	o	o	o
51 Die Fairness an der Wache ist gut	o	o	o	o	o
52 Ich fahre gerne Rückholdienste	o	o	o	o	o
53 Ich werde fair behandelt	o	o	o	o	o
54 Bei Entscheidungen würde ich gern mehr mitbestimmen	o	o	o	o	o
55 Der "Arbeitskreis-Personal" ist eine sinnvolle Ergänzung zur Führungsrunde	o	o	o	o	o
56 Die "Personalentwicklung" für die Hauptamtlichen ist eine sinnvolle Sache	o	o	o	o	o
57 Die Ehrenamtlichen werden in den Führungsrunden gut vertreten	o	o	o	o	o
58 Rückholdienst-fahren macht mir Spaß	o	o	o	o	o
59 Die Fahrdienstleitung besteht aus den richtigen Personen	o	o	o	o	o
60 Der Umgang unter Kollegen ist fair	o	o	o	o	o
61 Die Helfer werden bei Entscheidungen zu wenig gefragt	o	o	o	o	o
62 Es wird zu viel vom Hauptamt entschieden	o	o	o	o	o
63 Ich bin mit den Entscheidungen der Führungsrunde zufrieden	o	o	o	o	o
64 Ich habe Vertrauen zu den Entscheidungen der Führungsrunde	o	o	o	o	o
65 Meine Wünsche werden beim MHD Greven angemessen beachtet	o	o	o	o	o
66 Ich fahre gerne RTW	o	o	o	o	o
67 Die Kommunikation unter den Kollegen ist gut	o	o	o	o	o
68 Ich fühle mich von Kollegen akzeptiert	o	o	o	o	o
69 Ich fühle mich von Kollegen wahrgenommen	o	o	o	o	o
70 KTW-fahren macht mir Spaß	o	o	o	o	o
71 Die religiöse Ausrichtung der "Malteser" ist mir wichtig	o	o	o	o	o
72 Die Gemeinschaft an der Wache ist gut	o	o	o	o	o
73 Ich fahre gerne KTW	o	o	o	o	o
74 Es ist mir wichtig, "Malteser" zu sein	o	o	o	o	o
75 Die Entscheidungen der Führungsrunde sind häufig richtig	o	o	o	o	o
76 **Dass wir „Malteser" sind ist** nicht so wichtig für die Arbeit, die wir tun	o	o	o	o	o
77 Die Fairness zwischen Haupt- und Ehrenamt ist gut	o	o	o	o	o
78 Es wäre mir egal bei welcher Hilfsorganisation ich tätig bin	o	o	o	o	o
79 Ich wäre auch Mitglied geworden, wenn wir nicht "Malteser" wären	o	o	o	o	o
80 Das Vereinsleben beim MHD-Greven ist mir wichtig	o	o	o	o	o
81 Die Gemeinschaft an der Wache ist mir wichtig	o	o	o	o	o
82 Ich bin beim MHD-Greven wegen der Freunde und Kollegen	o	o	o	o	o
83 Ich fahre ungern mit Kollegen, die ich nicht kenne	o	o	o	o	o
84 Ich habe beim MHD-Greven viele meiner engen Freunde	o	o	o	o	o
85 Ich tausche mich manchmal vom Dienstplan, wenn ich die Kollegen nicht leiden kann	o	o	o	o	o
86 Die "Malteser" ermöglichen mir, meine persönliche Entwicklung voranzutreiben	o	o	o	o	o
87 Die Arbeit beim MHD-Greven bedeutet für mich ein Stück "Selbstverwirklichung"	o	o	o	o	o
88 Der christliche Glaube hat einen Stellenwert in meinem Leben	o	o	o	o	o
89 RTW-fahren macht mir Spaß	o	o	o	o	o
90 Der Rettungsdienst ist der wichtigste Bereich beim MHD Greven	o	o	o	o	o
91 Ich bin im MHD Greven hauptsächlich Mitglied, weil wir Rettungsdienst fahren	o	o	o	o	o
92 Ohne Rettungsdienst wäre der MHD Greven für mich uninteressant	o	o	o	o	o

2

	trifft voll zu	trifft eher zu	trifft eher nicht zu	trifft gar nicht zu	weiß nicht bzw. betrifft mich nicht
93 Ohne RTW wäre der MHD Greven für mich nicht interessant	o	o	o	o	
94 Die Arbeit beim MHD Greven gibt mir ein gutes Gefühl	o	o	o	o	o
95 Die ehrenamtliche Tätigkeit spielt für mein Leben eine besondere Rolle	o	o	o	o	o
96 Meine ehrenamtliche Tätigkeit gibt mir das Gefühl gebraucht zu werden	o	o	o	o	o
97 Ohne die Tätigkeit beim MHD würde mir etwas im Leben fehlen	o	o	o	o	o
98 Die Helfervertretung nimmt meine Probleme/Wünsche ernst	o	o	o	o	o
99 Ich weiß welche Personen zur Führungsrunde gehören	o	o	o	o	o
100 Ich habe Vertrauen zur Helfervertretung	o	o	o	o	o
101 Die Kollegen machen gute Arbeit	o	o	o	o	o
102 Ich fühle mich sicher in medizinischen Fragen	o	o	o	o	o
103 Ich kenne die Führungsstruktur beim MHD Greven	o	o	o	o	o
104 Ich kenne die Inhalte der Satzung der Malteser	o	o	o	o	o
105 Ich lese die Helferinformationen regelmäßig	o	o	o	o	o
106 Ich lese die Protokolle der Führungsrunde regelmäßig	o	o	o	o	o
107 Ich verstehe wie Entscheidungen beim MHD Greven getroffen werden	o	o	o	o	o
108 Ich fühle mich durch die Helfervertretung gut vertreten	o	o	o	o	o
109 Das Info-Brett im Flur ist unübersichtlich	o	o	o	o	o
110 Das Informationssystem beim MHD Greven ist gut	o	o	o	o	o
111 Die Helfer werden zu wenig Informiert	o	o	o	o	o
112 Die Helferinformationen (Aushang) sind gut	o	o	o	o	o
113 Die vereinsinterne Kommunikation ist gut	o	o	o	o	o
114 Das Erscheinungsbild des Personals beim MHD Greven ist gut	o	o	o	o	o
115 Das Fahrverhalten der Kollegen ist gut	o	o	o	o	o
116 Das Personal beim MHD Greven ist immer gepflegt	o	o	o	o	o
117 Die fachliche Kompetenz der Mitarbeiter im Rettungsdienst beim MHD Greven ist gut	o	o	o	o	o
118 Die Kollegen beherrschen die technisch-medizinischen Geräte gut	o	o	o	o	o
119 Ich würde mich mit Problemen im Verein an die Helfervertretung wenden	o	o	o	o	o
120 Die Kollegen sind gut ausgebildet	o	o	o	o	o
121 Die Kollegen sind immer freundlich zu Patienten	o	o	o	o	o
122 Die Kollegen verfügen über gute medizinische Kenntnisse	o	o	o	o	o
123 Die Übergaben von Patienten an den behandelnden Arzt sind grundsätzlich gut	o	o	o	o	o
124 Die Zusammenarbeit unter den Kollegen während eines Rettungseinsatzes ist gut	o	o	o	o	o
125 Ich bin manchmal unsicher in meiner Arbeit	o	o	o	o	o
126 Ich bin zufrieden mit meiner Arbeit	o	o	o	o	o
127 Ich fühle mich für meine Tätigkeit beim MHD Greven gut ausgebildet	o	o	o	o	o
128 Ich fühle mich sicher im Umgang mit Patienten	o	o	o	o	o
129 Mit der Helfervertretung bin ich zufrieden	o	o	o	o	o
130 Ich habe manchmal Angst meine Arbeit nicht richtig zu machen	o	o	o	o	o
131 Mit den medizinischen Geräten auf den Fahrzeugen kenne ich mich gut aus	o	o	o	o	o
132 Der Fahrkomfort unseres KTW 1 ist gut	o	o	o	o	o
133 Es ist mir egal mit wem ich KTW zusammen fahre	o	o	o	o	o
134 Ich glaube ich fahre häufiger KTW als andere	o	o	o	o	o
135 KTW fahre ich nur mit Kollegen, die ich leiden kann	o	o	o	o	o
136 Unser RTW ist gut ausgestattet	o	o	o	o	o
137 Der Fahrkomfort unseres RTW ist gut	o	o	o	o	o
138 KTW fahren macht mir heute nicht mehr so viel Spaß wie früher	o	o	o	o	

3

133

	trifft voll zu	trifft eher zu	trifft eher nicht zu	trifft gar nicht zu	weiß nicht bzw betrifft mich nicht
139 Unser KTW 1 ist gut ausgestattet	o	o	o	o	o
140 Wenn man RTW fahren will, muss man auch KTW fahren	o	o	o	o	o
141 Der Rückholdienst ist ein wichtiger finanzieller Bereich	o	o	o	o	o
142 Ich finde gut, dass der MHD Greven Rückholdienst fährt	o	o	o	o	o
143 Ich glaube ich fahre mehr Rückholdienste als andere	o	o	o	o	o
144 Ich würde gern mehr Rückholdienste fahren	o	o	o	o	o
145 Rückholdienste sind für mich eine interessante Abwechslung	o	o	o	o	o
146 Das RTW-Zuteilungsverfahren über die Wunschliste finde ich gerecht	o	o	o	o	o
147 KTW fahren ist lästig, aber es muss sein	o	o	o	o	o
148 Es ist mir egal mit wem ich zusammen den RTW besetze	o	o	o	o	o
149 Ich finde ich bekomme zu wenig RTW-Schichten zugeteilt	o	o	o	o	o
150 Ich glaube ich fahre häufiger RTW als andere	o	o	o	o	o
151 Ich würde gern mehr RTW-Schichten fahren, als ich zugeteilt bekomme	o	o	o	o	o
152 RTW-fahren ist interessanter als KTW-fahren	o	o	o	o	o
153 RTW-fahren macht mir heute nicht mehr so viel Spaß wie früher	o	o	o	o	o
154 KTW-fahren ist für mich eine Selbstverständlichkeit	o	o	o	o	o
155 Die angebotenen Fortbildungs-Termine beim MHD Greven passen mir gut	o	o	o	o	o
156 Die angebotenen Fortbildungs-Themen interessieren mich zum größten Teil	o	o	o	o	o
157 Die angebotenen Fortbildungs-Themen sind einseitig	o	o	o	o	o
158 Die angebotenen Fortbildungs-Themen werden gut ausgewählt	o	o	o	o	o
159 Die Fortbildungen beim MHD Greven bereiten auf die reale Arbeit im Rettungsdienst vor	o	o	o	o	o
160 Die Fortbildungen beim MHD Greven sind für mich persönlich hilfreich	o	o	o	o	o
161 Die Fortbildungen beim MHD Greven sind zu theoretisch	o	o	o	o	o
162 Die Organisation der Fortbildung durch die Dienststelle ist gut	o	o	o	o	o
163 Die regelmäßige Fortbildung im Rettungsdienst ist wichtig	o	o	o	o	o
164 Die Rettungsdienst-Fortbildungen beim MHD Greven sind gut	o	o	o	o	o
165 Die Rettungsdienst-Fortbildungen beim MHD Greven sind leicht verständlich	o	o	o	o	o
166 Durch die Fortbildungen beim MHD Greven fühle ich mich im Einsatz sicherer	o	o	o	o	o
167 Es sollten noch mehr Fortbildungen mit medizinischen Themen angeboten werden	o	o	o	o	o
168 Es sollten noch mehr Fortbildungen mit sozialen/psychologischen Themen angeboten werden	o	o	o	o	o
169 Ich fürchte ich werde nicht mehr eingesetzt, wenn ich meine nötigen Fortbildungsstunden im Jahr nicht erreiche	o	o	o	o	o
170 Ich gehe nur zur Fortbildung weil es gesetzliche Pflicht ist	o	o	o	o	o
171 Ich gehe nur zur Fortbildung, wenn mich das Thema interessiert	o	o	o	o	o
172 Als Lehrrettungswache ist der MHD Greven nicht geeignet	o	o	o	o	o
173 Andere Hilfsorganisationen interessieren mich nicht	o	o	o	o	o
174 Beim MHD Greven verändert sich alles immer weiter zum Schlechten	o	o	o	o	o
175 Das Verhältnis zwischen Haupt- und Ehrenamt ist besser geworden	o	o	o	o	o
176 Der Bereich Katastrophenschutz sollte beim MHD Greven ausgebaut werden	o	o	o	o	o
177 Der Dienst hat früher mehr Spaß gemacht als heute	o	o	o	o	o
178 Der MHD Greven sollte mehr Sanitäts-Dienste mitmachen	o	o	o	o	o
179 Der Verein entwickelt sich in die falsche Richtung	o	o	o	o	o
180 Wir haben zu viele Mitglieder	o	o	o	o	o
181 Der Verein ist mir heute wichtiger als früher	o	o	o	o	o
182 Die Einsatzstatistiken (Aushänge) finde ich gut	o	o	o	o	o
183 Die Erste-Hilfe Ausbildung ist ein wichtiger Bereich beim MHD Greven	o	o	o	o	o

4

	trifft voll zu	trifft eher zu	trifft eher nicht zu	trifft gar nicht zu	weiß nicht bzw betrifft mich nicht
184 Die Erste-Hilfe Ausbildung wird beim MHD Greven nicht ernst genug genommen	o	o	o	o	o
185 Die Gemeinschaft an der Wache war früher besser als heute	o	o	o	o	o
186 Die geplante Hütte für die MHD-Jugend hinter der Halle sollte gebaut werden	o	o	o	o	o
187 Die Malteser-Jugend wird beim MHD Greven zu wenig akzeptiert	o	o	o	o	o
188 Die Rettungsassistenten-Ausbildung im Rahmen der Lehrrettungswache finde ich gut	o	o	o	o	o
189 Die Zukunft des MHD-Greven ist mir wichtig	o	o	o	o	o
190 Es geht beim MHD Greven nur noch „ums Geld"	o	o	o	o	o
191 Es ist gut dass wir Lehrrettungswache geworden sind	o	o	o	o	o
192 Es ist wichtig ein gutes Verhältnis zu anderen Hilfsorganisationen zu haben	o	o	o	o	o
193 Es ist wichtig ein gutes Verhältnis zu anderen Malteser-Orten zu haben	o	o	o	o	o
194 Früher hatte ich persönlich mehr Zeit für ehrenamtliche Tätigkeiten	o	o	o	o	o
195 Für das Ehrenamt wurde in letzter Zeit zu wenig getan	o	o	o	o	o
196 Ich bin bereit für die Ausbildung eines Praktikanten auf eigene RTW-Schichten zu verzichten	o	o	o	o	o
197 Ich fände es in Ordnung für die Wochenend-Dienste den RTW der Feuerwehr zu benutzen	o	o	o	o	o
198 Ich finde gut dass beim MHD Greven Jugendarbeit gemacht wird	o	o	o	o	o
199 Ich fühle mich manchmal durch die Malteser-Jugend gestört	o	o	o	o	o
200 Ich glaube der Verein geht finanziell "den Bach runter"	o	o	o	o	o
201 Ich glaube die Patienten sind mit unseren Leistungen zufrieden	o	o	o	o	o
202 Ich glaube ich investiere mehr Zeit beim MHD-Greven als es andere Mitglieder tun	o	o	o	o	o
203 Ich habe schon mal überlegt aus dem MHD Greven auszutreten	o	o	o	o	o
204 Ich hätte Interesse an Führungsaufgaben beim MHD Greven	o	o	o	o	o
205 Ich hätte Interesse Ausbilder für Erste-Hilfe beim MHD Greven zu werden	o	o	o	o	o
206 Ich hätte Interesse bei der Malteser-Jugend mitzumachen	o	o	o	o	o
207 Ich hätte Interesse beim Katastrophenschutz und SanDiensten mitzumachen	o	o	o	o	o
208 Ich könnte mich beim MHD Greven mehr engagieren	o	o	o	o	o
209 Ich plane zukünftig weniger Zeit für den MHD Greven aufzubringen	o	o	o	o	o
210 Ich würde den MHD Greven weiterempfehlen	o	o	o	o	o
211 Jugendarbeit ist ein wichtiger Bereich der Malteser	o	o	o	o	o
212 Mir ist wichtig dass wir am Wochenende mit unserem eigenen RTW fahren	o	o	o	o	o
213 Neben dem MHD Greven bin ich noch in anderen Bereichen/Vereinen ehrenamtlich tätig	o	o	o	o	o
214 Ohne Rettungsdienst könnte der MHD Greven sich finanziell nicht halten	o	o	o	o	o
215 Unser Verhältnis zu anderen Hilfsorganisationen ist schlecht	o	o	o	o	o
216 Unser Verhältnis zu anderen Hilfsorganisationen muss besser werden	o	o	o	o	o
217 Wenn es so weiter geht, habe ich bald keine Lust mehr beim MHD Greven ehrenamtlich tätig zu sein	o	o	o	o	o
218 Der Verein entwickelt sich in die richtige Richtung	o	o	o	o	o
219 Wir haben zu wenig Mitglieder	o	o	o	o	o
220 Der MHD-Greven sollte sich mehr auf die „Werte der Malteser" besinnen	o	o	o	o	o
221 Das gemeinsame Frühstück an der Wache am Wochenende ist mir wichtig	o	o	o	o	o
222 Das Frühstück an der Wache könnte besser sein	o	o	o	o	o
223 Das gemeinsame Frühstück an der Wache ist ausreichend	o	o	o	o	o

Vielen Dank für Deine Meinung!

5

Gewinnspiel

Wenn Du auch an der Verlosung teilnehmen möchtest, kreuze bitte je 10 Zahlen (möglichst kreative Kominationen, **nicht** 1,2,3,4,5,6,7,8,9,10, etc...) auf folgenden Zahlenfeldern an. Auf beiden Zahlenfeldern müssen **jeweils die gleichen Zahlen** angekreuzt werden. Das Obere ist zur eigenen Kontrolle und muss im Gewinnfall vorgelegt werden, das Untere Feld muss abgetrennt und in den beiliegenden roten Umschlag gesteckt und zusammen mit dem ausgefüllen Fragebogen zurückgeschickt/abgegeben werden.

Wir wünschen viel Erfolg!

Kontrollfeld. Diesen Zettel vom Fragebogen abtrennen und bitte bis zur Losziehung aufbewahren.

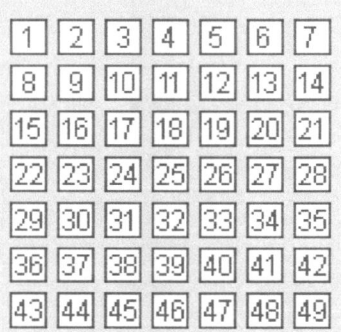

schnipp schnapp--- schnipp schnapp

Losfeld. Dieses Feld abtrennen, in den roten Umschlag stecken und zusammen mit dem Fragebogen zurück an **Wache**...

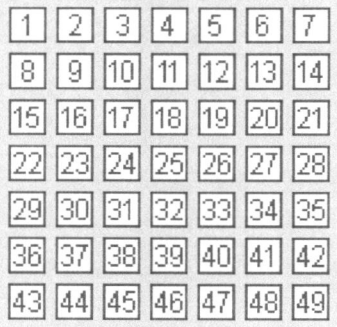

Achtung: Es müssen auf beiden Feldern die gleichen Zahlen angekreuzt sein!

6

136

III. Fragebogen der Helferbefragung

Vielen Dank, dass Sie an der Befragung teilnehmen!

Zunächst ist es wichtig, einige statistische Daten zu Ihrer Person zu erfassen. Nur durch diese Daten wird es möglich, Angaben zur Aussagekraft einer solchen Befragung machen.

Sie können dabei ganz sicher sein, dass Ihre Daten – wie der gesamte Fragebogen – absolut anonym behandelt werden. Daten von zu kleinen Personengruppen zum Beispiel werden niemals alleine verglichen, so dass keine Rückschlüsse auf Einzelpersonen aus den Ergebnissen möglich sind.

Sollten Sie dennoch zu große Bedenken hinsichtlich Ihrer Anonymität bei der Beantwortung einiger Frage haben, lassen Sie bitte entsprechende Fragen aus. Keinesfalls sollten Sie das Ergebnis verfälschen, indem Sie zum Beispiel eine andere als die tatsächlich zutreffende Kategorie ankreuzen.

Statistik

x01	Welches Geschlecht haben Sie?	☐ weiblich	☐ männlich	

x02	Wie alt sind Sie?	☐ unter 25 Jahre	☐ 25 bis 35 Jahre	☐ 36 bis 45 Jahre
		☐ 46 bis 55 Jahre	☐ 56 bis 65 Jahre	☐ über 65 Jahre

x03	Wie lange sind Sie bereits beim MHD Greven tätig?	☐ unter 3 Jahre	☐ 3 bis 6 Jahre	☐ 6 bis 10 Jahre
		☐ 11 bis 15 Jahre	☐ 16 bis 20 Jahre	☐ über 20 Jahre

x04 In welchem Verhältnis sind Sie *derzeit* beim MHD Greven tätig?
☐ hauptamtlich (auch Zivildienstleistende, GFB, etc.)
☐ ausschließlich ehrenamtlich

x05 In welchem Verhältnis sind Sie beim MHD Greven *angefangen*?
☐ hauptamtlich (auch Zivildienstleistende, GFB, etc.)
☐ ausschließlich ehrenamtlich

x06 Haben Sie an einer Helfer-Grundausbildung (AV 10) bei den Maltesern teilgenommen?   ☐ ja   ☐ nein   ☐ weiß nicht

x08 Welche Qualifikation bzw. Ausbildung besitzen Sie derzeit?

Kreuzen Sie bitte nur diejenigen Qualifikationen an, die auch beim Malteser Hilfsdienst als solche anerkannt werden.

Wenn Sie etwa Ausbilder oder Gruppenleiter bei einer anderen Organisation sind, der Malteser Hilfsdienst diese Ausbildung aber nicht anerkennt, kreuzen sie diese bitte auch nicht an.

☐ Sanitäts-Helfer, Einsatzsanitäter oder Rettungshelfer
☐ Rettungssanitäter oder Rettungsassistent
☐ Jugendgruppenleiter oder –assistent
☐ Ausbilder oder Lehrscheininhaber
☐ Trupp-, Gruppen oder Zugführer im Katastrophenschutz
☐ Sonstige malteser-spezifische Ausbildung: _____

x07 Nehmen Sie Führungs- oder Leitungsaufgaben beim MHD Greven wahr oder sind Sie Beauftragter?   ☐ ja   ☐ nein   ☐ weiß nicht

x09 Schätzen Sie bitte einmal ab, auf welche Bereiche sich Ihre **ehrenamtliche Tätigkeit** beim MHD Greven verteilt.

Vergeben Sie dazu 100 Prozentpunkte auf die einzelnen Kategorien, entsprechend Ihrer Tätigkeitsstruktur

Wenn Sie in einem der aufgezählten Bereiche nicht tätig sind, vergeben Sie bitte 0%, oder lassen das Feld leer. Die einzelnen Bereiche verstehen sich mit allen dazugehörigen Tätigkeiten.

Bitte achten Sie darauf, dass Sie auch wirklich alle 100 Prozentpunkte vergeben

_____ % Ausbildung, Erste-Hilfe, ...
_____ % Auslandsdienst
_____ % Jugendarbeit, Malteser-Jugend, ...
_____ % Rettungsdienst, Krankentransport, ...
_____ % Katastrophenschutz, Sanitätsdienste, ...
_____ % Soziales Ehrenamt, BBD, Hospizarbeit, ...
_____ % Führungsaufgaben
===========
= 100   %

Aus welchen Gründen engagieren Sie sich *heute* ehrenamtlich beim MHD Greven?

Bitte überlegen Sie einmal aus welchen Gründen Sie sich gegenwärtig beim MHD Greven engagieren. Versuchen Sie die Gründe anzugeben, die Sie heute zu Ihrem ehrenamtlichen Engagement motivieren, das müssen nicht unbedingt die gleichen Gründe sein, warum Sie seinerzeit Mitglied geworden sind.

Vergeben Sie dazu bitte insgesamt 100 Prozentpunkte auf die einzelnen Kategorien, entsprechend der Bedeutung Ihrer Gründe.

_____ % Weil ehrenamtliche Tätigkeiten heute gesellschaftlich und beruflich wichtig sind

_____ % Weil die Tätigkeit abwechslungsreich und interessant ist und ich einfach Spaß daran habe

_____ % Um Gemeinschaft zu erleben und mit netten Menschen in Kontakt zu kommen

_____ % Um eigene Erkenntnisse und Erfahrungen zu erweitern und Eigenverantwortung zu übernehmen

_____ % Aus Tradition, weil ich durch Verwandte, Freunde oder Bekannte hier hineingefunden habe

_____ % Um etwas für das Gemeinwohl zu tun und anderen Menschen zu helfen

_____ % Weil ich politisch oder sozial etwas bewegen will und ehrenamtliche Tätigkeit

= **100** %

z01

Und warum sind Sie *seinerzeit* beim MHD Greven ehrenamtlich tätig geworden?

Bitte überlegen Sie einmal, welche Gründe eine besondere Rolle für ihren Beitritt zum MHD Greven spielten. Versuchen Sie die Gründe anzugeben, die zum Zeitpunkt ihres Beitritts eine Rolle spielten, das müssen nicht unbedingt die Gründe sein, warum Sie sich heutzutage beim MHD Greven ehrenamtlich engagieren.

Vergeben Sie dazu bitte insgesamt 100 Prozentpunkte auf die einzelnen Kategorien, entsprechend der Bedeutung Ihrer Gründe.

_____ % Weil ehrenamtliche Tätigkeiten heute gesellschaftlich und beruflich wichtig sind

_____ % Weil die Tätigkeit abwechslungsreich und interessant ist und ich einfach Spaß daran habe

_____ % Um Gemeinschaft zu erleben und mit netten Menschen in Kontakt zu kommen

_____ % Um eigene Erkenntnisse und Erfahrungen zu erweitern und Eigenverantwortung zu übernehmen

_____ % Aus Tradition, weil ich durch Verwandte, Freunde oder Bekannte hier hineingefunden habe

_____ % Um etwas für das Gemeinwohl zu tun und anderen Menschen zu helfen

_____ % Weil ich politisch oder sozial etwas bewegen will und ehrenamtliche Tätigkeit

= **100** %

Wie *wichtig* ist Ihnen insgesamt...

kaum wichtig...   ...sehr wichtig

		kaum wichtig ... sehr wichtig
y01	...Anerkennung für Ihre Tätigkeit beim MHD Greven zu bekommen?	☐1 ☐2 ☐3 ☐4 ☐5 ☐6 ☐7 ☐8 ☐9 ☐10
y02	...bei Ihrer Tätigkeit beim MHD Greven, anspruchsvolle Aufgaben zu haben?	☐1 ☐2 ☐3 ☐4 ☐5 ☐6 ☐7 ☐8 ☐9 ☐10
y03	...dass Ihre Tätigkeit beim MHD Greven angemessen finanziell entschädigt wird?	☐1 ☐2 ☐3 ☐4 ☐5 ☐6 ☐7 ☐8 ☐9 ☐10
y04	...eine gute Ausbildung bzw. fachliche Kompetenz für ihre Tätigkeit beim MHD Greven zu haben?	☐1 ☐2 ☐3 ☐4 ☐5 ☐6 ☐7 ☐8 ☐9 ☐10
y05	...beim MHD Greven, selbständige Entscheidungen treffen zu können?	☐1 ☐2 ☐3 ☐4 ☐5 ☐6 ☐7 ☐8 ☐9 ☐10
y06	...in die Gemeinschaft beim MHD Greven integriert zu sein?	☐1 ☐2 ☐3 ☐4 ☐5 ☐6 ☐7 ☐8 ☐9 ☐10
y07	...beim MHD Greven immer gut informiert zu sein?	☐1 ☐2 ☐3 ☐4 ☐5 ☐6 ☐7 ☐8 ☐9 ☐10
y08	...Ihren Tätigkeitsbereich beim MHD Greven aktiv mitgestalten zu können?	☐1 ☐2 ☐3 ☐4 ☐5 ☐6 ☐7 ☐8 ☐9 ☐10
y09	...dass Probleme untereinander beim MHD Greven sofort angesprochen werden?	☐1 ☐2 ☐3 ☐4 ☐5 ☐6 ☐7 ☐8 ☐9 ☐10
y10	...gutes Material und Ausstattung (z.B. Fahrzeuge, Unterkunft, Geräte, etc...) für Ihre Tätigkeit beim MHD Greven zu haben?	☐1 ☐2 ☐3 ☐4 ☐5 ☐6 ☐7 ☐8 ☐9 ☐10
y11	...bei Ihrer Tätigkeit beim MHD Greven, die christlichen Werte zu vermitteln?	☐1 ☐2 ☐3 ☐4 ☐5 ☐6 ☐7 ☐8 ☐9 ☐10

Allgemeine Fragen

		Ja...		teils / teils (weiß nicht)	...Nein	
		trifft voll zu	trifft eher zu	teils / teils (weiß nicht)	trifft eher nicht zu	trifft gar nicht zu
a01	Die Arbeitsbedingungen beim MHD Greven fördern meine Tätigkeit	☐	☐	☐	☐	☐
a02	Unsere Unterkunft/Wache ist gut ausgestattet	☐	☐	☐	☐	☐
a03	Unsere Einsatzfahrzeuge sind gut ausgestattet	☐	☐	☐	☐	☐
a04	Ich habe Zugang zu allen Informationen, die ich für meine Tätigkeit benötige	☐	☐	☐	☐	☐
a05	Beim MHD Greven wird mit Fehlern so umgegangen, dass man aus ihnen lernen kann	☐	☐	☐	☐	☐
a06	Ich verfüge beim MHD Greven über ausreichend Material und Geräte für meine Tätigkeit	☐	☐	☐	☐	☐
a07	Unsere Dienststelle/Wache ist häufig dreckig	☐	☐	☐	☐	☐
a08	Beim MHD Greven verstehen wir uns als Team	☐	☐	☐	☐	☐
b01	Beim MHD Greven wird meine Arbeit angemessen anerkannt	☐	☐	☐	☐	☐
b02	Meine Tätigkeit beim MHD Greven empfinde ich als sinnvolle Aufgabe	☐	☐	☐	☐	☐
b03	Das Arbeitsklima in meinem Tätigkeitsbereich ist gut	☐	☐	☐	☐	☐
b04	Die Aufwandsentschädigungen für meine ehrenamtliche Tätigkeit beim MHD Greven sind angemessen	☐	☐	☐	☐	☐
b05	Der Umgang unter den Helfern beim MHD Greven ist fair	☐	☐	☐	☐	☐
b06	Alles in Allem bin ich sehr zufrieden mit meiner Tätigkeit beim MHD Greven	☐	☐	☐	☐	☐
b07	Ich kann bei meiner Tätigkeit selbstständige Entscheidungen treffen	☐	☐	☐	☐	☐
b08	Ich kann bei meiner Tätigkeit beim MHD Greven eigene Ideen und Fähigkeiten einbringen	☐	☐	☐	☐	☐
c01	Ich finde, mir werden beim MHD Greven genügend Fort- und Weiterbildungsmöglichkeiten angeboten	☐	☐	☐	☐	☐
c02	Die Fort- und Weiterbildungsveranstaltungen sind nützlich für meine Tätigkeit	☐	☐	☐	☐	☐
c03	Die mir angebotenen Fort- und Weiterbildungsveranstaltungen interessieren mich	☐	☐	☐	☐	☐
c04	Die Helfer beim MHD Greven sind für ihre Tätigkeit gut ausgebildet	☐	☐	☐	☐	☐
c05	Ich fühle mich für meine Tätigkeit gut ausgebildet	☐	☐	☐	☐	☐
c06	Bei meiner Aufnahme habe ich eine intensive Einweisung auf alle Materialien und Geräte erhalten, die ich für meine Tätigkeit brauche	☐	☐	☐	☐	☐
c07	Ich glaube die Helfer sind teilweise unsicher bei ihrer Tätigkeit	☐	☐	☐	☐	☐
c08	Ich fühle mich teilweise unsicher bei meiner Tätigkeit	☐	☐	☐	☐	☐
d01	Die Führungskräfte beim MHD Greven unterstützen mich aktiv in meiner Tätigkeit	☐	☐	☐	☐	☐
d02	Die Helferschaft wird bei Entscheidungen beim MHD Greven zu wenig gefragt	☐	☐	☐	☐	☐
d03	Ich habe Vertrauen zum Orts-Führungskreis	☐	☐	☐	☐	☐
d04	Ich habe Vertrauen zur Helfervertretung	☐	☐	☐	☐	☐
e01	Ich wurde beim MHD Greven in einem besonderen Rahmen aufgenommen	☐	☐	☐	☐	☐
e02	Ich habe beim MHD Greven enge Freunde	☐	☐	☐	☐	☐
e03	Unsere Gemeinschaft beim MHD Greven ist gut	☐	☐	☐	☐	☐
e04	Ich fühle mich in die Gemeinschaft beim MHD Greven integriert	☐	☐	☐	☐	☐
e05	Ich glaube, das Image des MHD Greven in der Öffentlichkeit ist gut	☐	☐	☐	☐	☐

Allgemeine Fragen

		Ja... trifft voll zu	trifft eher zu	teils / teils (weiß nicht)	...Nein trifft eher nicht zu	trifft gar nicht zu
e06	Der christliche Glaube hat einen Stellenwert in meinem Leben	☐	☐	☐	☐	☐
e07	Beim MHD Greven verändert sich Alles immer weiter zum Schlechten	☐	☐	☐	☐	☐
e08	Die "Werte der Malteser" sind beim MHD Greven gut erfahrbar	☐	☐	☐	☐	☐
101	Ich bin gern im Zentrum des Geschehens	☐	☐	☐	☐	☐
102	Es ist mir wichtig meine Aufgaben gründlich und sorgfältig zu erledigen	☐	☐	☐	☐	☐
103	Ich bin ein äußerst glücklicher Mensch	☐	☐	☐	☐	☐
104	Ich mache mir wenig Sorgen und gerate auch in Stresssituationen nicht aus der Ruhe	☐	☐	☐	☐	☐
105	Ich denke gerne intensiv über das Leben nach	☐	☐	☐	☐	☐
106	Ich kann launisch sein und habe manchmal Stimmungsschwankungen	☐	☐	☐	☐	☐
g01	Ich habe immer weniger Lust auf meine Tätigkeit beim MHD Greven	☐	☐	☐	☐	☐
g02	Meine Arbeitsbelastung beim MHD Greven ist hoch	☐	☐	☐	☐	☐
g03	Es ist mir wichtig beim Malteser Hilfsdienst (und nicht woanders) tätig zu sein	☐	☐	☐	☐	☐
g04	Ehrenamtliche Tätigkeit spielt für mein Leben eine besondere Rolle	☐	☐	☐	☐	☐
g05	Der MHD Greven spielt für mein Leben eine besondere Rolle	☐	☐	☐	☐	☐
g06	Der MHD Greven ist der einzige Verein/Bereich in dem ich ehrenamtlich tätig bin	☐	☐	☐	☐	☐
g07	Meine Tätigkeit beim MHD Greven ist teilweise sehr stressig	☐	☐	☐	☐	☐
g08	Ich würde die Dienste des MHD Greven selbst in Anspruch nehmen	☐	☐	☐	☐	☐
g09	Ich informiere mich immer über Neuigkeiten beim MHD Greven	☐	☐	☐	☐	☐
g10	Ich kenne die Geschichte der Malteser	☐	☐	☐	☐	☐
g11	Ich verstehe wie Entscheidungen beim MHD Greven getroffen werden	☐	☐	☐	☐	☐
g12	Ich würde mich bei Problemen an die Helfervertretung wenden	☐	☐	☐	☐	☐
g13	Ich wäre bereit mich beim MHD Greven mehr zu engagieren	☐	☐	☐	☐	☐
g14	Ich habe schon erlebt, dass Helfer beim MHD Greven gemobbt wurden	☐	☐	☐	☐	☐
g15	Ich bin immer motiviert etwas beim MHD Greven zu machen.	☐	☐	☐	☐	☐
g16	Meine Tätigkeit beim MHD Greven ist teilweise psychisch belastend	☐	☐	☐	☐	☐
g17	Im Vergleich zu anderen Mitgliedern, verbringe ich überdurchschnittlich viel Zeit beim MHD Greven	☐	☐	☐	☐	☐
a09	Die Rahmenbedingungen beim MHD Greven fördern meine Tätigkeit	☐	☐	☐	☐	☐
a10	Unsere Unterkunft/Wache ist in einem guten Zustand	☐	☐	☐	☐	☐
a11	Unsere Einsatzfahrzeuge sind in einem guten Zustand	☐	☐	☐	☐	☐
a12	Das Informationssystem beim MHD Greven ist gut	☐	☐	☐	☐	☐
a13	Wenn es Probleme unter den Helfern gibt, sprechen wir offen darüber	☐	☐	☐	☐	☐
a14	Das mir beim MHD Greven zur Verfügung stehende Material und die Geräte haben eine gute Qualität	☐	☐	☐	☐	☐
a15	Unsere Einsatzfahrzeuge sind häufig dreckig	☐	☐	☐	☐	☐
a16	Die Zusammenarbeit untereinander beim MHD Greven ist gut	☐	☐	☐	☐	☐

Allgemeine Fragen

		Ja...			...Nein	
		trifft voll zu	trifft eher zu	teils / teils (weiß nicht)	trifft eher nicht zu	trifft gar nicht zu
b09	Beim MHD Greven wird meine Arbeitsleistung angemessen respektiert	☐	☐	☐	☐	☐
b10	Meine Tätigkeit beim MHD Greven ist interessant	☐	☐	☐	☐	☐
b11	Unter den Helfern herrscht ein freundlicher Umgang	☐	☐	☐	☐	☐
b12	Meine ehrenamtliche Tätigkeit beim MHD Greven wird **zu wenig** finanziell entschädigt	☐	☐	☐	☐	☐
b13	Ich fühle mich beim MHD Greven gerecht behandelt	☐	☐	☐	☐	☐
b14	Mit meiner Position beim MHD Greven bin ich insgesamt sehr gut zufrieden	☐	☐	☐	☐	☐
b15	Ich kann meine Tätigkeit eigenen Wünschen und Vorstellungen durchführen	☐	☐	☐	☐	☐
b16	Meine Tätigkeit beim MHD Greven ermöglicht mir meine persönliche Entwicklung voranzutreiben	☐	☐	☐	☐	☐
c09	Ich finde, beim MHD Greven werden mir **zu wenig** Fort- und Weiterbildungsmöglichkeiten angeboten	☐	☐	☐	☐	☐
c10	Durch die Fort- und Weiterbildungsveranstaltungen beim MHD Greven werden ich sicherer in meiner Tätigkeit	☐	☐	☐	☐	☐
c11	Ich finde das Fort- und Weiterbildungsangebot beim MHD Greven interessant	☐	☐	☐	☐	☐
c12	Die Helfer beherrschen Material und Geräte, welche sie für ihre Tätigkeit brauchen	☐	☐	☐	☐	☐
c13	Ich beherrsche Material und Geräte, welche ich für meine Tätigkeit brauche	☐	☐	☐	☐	☐
c14	Bei meiner Aufnahme habe ich eine intensive Einweisung in meine Tätigkeit erhalten	☐	☐	☐	☐	☐
c15	Ich glaube die Tätigkeit beim MHD Greven überfordert die Helfer teilweise	☐	☐	☐	☐	☐
c16	Meine Tätigkeit beim MHD Greven überfordert mich teilweise	☐	☐	☐	☐	☐
d05	Die Führungskräfte beim MHD Greven sind für mich erreichbar, wenn ich sie brauche	☐	☐	☐	☐	☐
d06	Ideen und Vorschläge aus der Helferschaft werden beim MHD Greven angemessen berücksichtigt	☐	☐	☐	☐	☐
d07	Der Orts-Führungskreis leistet gute Arbeit	☐	☐	☐	☐	☐
d08	Die Helfervertretung leistet gute Arbeit	☐	☐	☐	☐	☐
e09	Meine Aufnahme beim MHD Greven habe ich besonders positiv erlebt	☐	☐	☐	☐	☐
e10	Ich habe durch meine Mitgliedschaft beim MHD Greven gute Freunde gefunden	☐	☐	☐	☐	☐
e11	Unser Vereinsleben beim MHD Greven ist gut	☐	☐	☐	☐	☐
e12	Ich wäre gern mehr in die Gemeinschaft beim MHD Greven integriert	☐	☐	☐	☐	☐
e13	Ich glaube, unsere Kunden (Patienten, etc..) sind mit unserer Arbeit zufrieden	☐	☐	☐	☐	☐
e14	Die religiöse Ausrichtung der Malteser ist mir wichtig	☐	☐	☐	☐	☐
e15	Der MHD Greven entwickelt sich in die richtige Richtung	☐	☐	☐	☐	☐
e16	Leitfaden und Satzung der Malteser spielen beim MHD Greven eine wichtige Rolle	☐	☐	☐	☐	☐
f07	Ich bin bin manchmal schüchtern und gehemmt	☐	☐	☐	☐	☐
f08	Ich plane oft sehr genau, was ich tue	☐	☐	☐	☐	☐
f09	Ich bin sehr zufrieden in meinem Leben	☐	☐	☐	☐	☐
f10	Ich bin häufiger unzufrieden oder traurig	☐	☐	☐	☐	☐
f11	Ich bin vielseitig interessiert und probiere gerne etwas Neues aus	☐	☐	☐	☐	☐
f12	Ich bin nicht nachtragend und kann anderen leicht vergeben	☐	☐	☐	☐	☐

Allgemeine Fragen

		Ja...			...Nein	
		trifft voll zu	trifft eher zu	teils / teils (weiß nicht)	trifft eher nicht zu	trifft gar nicht zu
g18	Ich überlege manchmal, aus dem MHD Greven auszutreten	☐	☐	☐	☐	☐
g19	Meine Tätigkeit beim MHD Greven ist anstrengend	☐	☐	☐	☐	☐
g20	Der Malteser Hilfsdienst im Allgemeinen spielt in meinem Leben eine besondere Rolle	☐	☐	☐	☐	☐
g21	Ohne ehrenamtliche Tätigkeit würde mir etwas in meinem Leben fehlen	☐	☐	☐	☐	☐
g22	Ohne den MHD Greven würde mir etwas in meinem Leben fehlen	☐	☐	☐	☐	☐
g23	Neben der Tätigkeit beim MHD Greven bin ich noch in anderen Vereinen/Bereichen ehrenamtlich tätig	☐	☐	☐	☐	☐
g24	Meine Tätigkeit beim MHD Greven belastet mich gesundheitlich	☐	☐	☐	☐	☐
g25	Ich würde den MHD Greven weiterempfehlen	☐	☐	☐	☐	☐
g26	Ich nutze die Informationsangebote beim MHD Greven regelmäßig	☐	☐	☐	☐	☐
g27	Ich kenne die Inhalte von Leitfaden und Satzung der Malteser	☐	☐	☐	☐	☐
g28	Ich weiß welche Personen zum Orts-Führungskreis gehören	☐	☐	☐	☐	☐
g29	Wenn mir etwas beim MHD Greven nicht gefällt bemühe ich mich, dass es verbessert / geändert wird.	☐	☐	☐	☐	☐
g30	Ich könnte mich beim MHD Greven zeitlich mehr engagieren	☐	☐	☐	☐	☐
g31	Ich wurde beim MHD Greven schon gemobbt	☐	☐	☐	☐	☐
g32	Ich freue mich immer auf meine Tätigkeit beim MHD Greven	☐	☐	☐	☐	☐
g33	Meine Tätigkeit beim MHD Greven hat mich schon mal psychisch belastet	☐	☐	☐	☐	☐
g34	Ich glaube ich investiere mehr Zeit beim MHD Greven als es andere Helfer tun	☐	☐	☐	☐	☐
b17	Ich bin sehr zufrieden, wie es beim MHD Greven läuft	☐	☐	☐	☐	☐
d09	Der Orts-Führungskreis besteht aus den richtigen Personen	☐	☐	☐	☐	☐
d10	Die Helfervertretung besteht aus den richtigen Personen	☐	☐	☐	☐	☐
s01	...spezielle geschlossene Fragen	☐	☐	☐	☐	☐
s02	...	☐	☐	☐	☐	☐
s03	...	☐	☐	☐	☐	☐
s04	...	☐	☐	☐	☐	☐
s05	...	☐	☐	☐	☐	☐
s06	...	☐	☐	☐	☐	☐
s07	...	☐	☐	☐	☐	☐
s08	...	☐	☐	☐	☐	☐
s09	...	☐	☐	☐	☐	☐
s10	...	☐	☐	☐	☐	☐
s11	...	☐	☐	☐	☐	☐
s12	...	☐	☐	☐	☐	☐
s13	...	☐	☐	☐	☐	☐

...spezielle offene Frage1

    1.

    2.

    3.

...spezielle offene Frage2

    1.

    2.

    3.

Eigene Anmerkungen (...zum Fragebogen, zum MHD Greven oder ganz Allgemein... z.B. Was ist gut? Was stört Sie besonders?)

Vielen Dank für Ihre Teilnahme!

Bitte senden Sie diesen Fragebogen bis zum **20. Januar 2008** zurück.

143

IV. Erklärungen zur Helferbefragung

Herzlich Willkommen zur Helferbefragung 2008

Mit diesem Schreiben findest Du den jährlichen Fragebogen zur Helferbefragung des MHD Greven. Die Beantwortung der Fragen wird nur etwa 10 Minuten dauern.

Mit der Helferbefragung können wir die Zukunft unseres Vereins und unsere Vereinskultur gemeinsam gestalten. Was ist gut, was kann besser sein? Deine Meinung ist entscheidend!

Neben Fragen zur Statistik und zur Wichtigkeit einiger Eigenschaften, findest Du im Hauptteil einzelne Fragen zu Deiner ehrenamtlichen Tätigkeit beim MHD Greven, die Du jeweils auf einer 5-stufigen Skala von „trifft voll zu" bis hin zu „trifft gar nicht zu" beantworten kannst.

Beispiel:

	Ja..			Nein..	
	trifft voll zu	trifft eher zu	teils / teils („weiß nicht")	trifft eher nicht zu	trifft gar nicht zu
b60 Das Arbeitsklima in meinem Tätigkeitsbereich ist gut	☐	☒	☐	☐	☐

Diese Person zum Beispiel, schätzt das Arbeitsklima in ihrem Tätigkeitsbereich zwar eher gut ein, allerdings nicht optimal. Wäre das Arbeitsklima in ihrem Tätigkeitsbereich für sie vollständig zufrieden stellend, müsste sie sich für „trifft voll zu" entscheiden. Würde sie das Arbeitsklima dagegen als weniger gut oder sogar als schlecht empfinden, müsste sie „trifft eher nicht zu" bzw. „trifft gar nicht zu" ankreuzen.

Einige der Fragen werden sich im Laufe der Befragung wiederholen oder Dir ähnlich vorkommen. Dies ist durchaus beabsichtigt. Versuche die einzelnen Fragen bitte jedes Mal so ehrlich wie möglich, spontan und ohne nachzusehen, was Du bei den Fragen zuvor angekreuzt hast, zu beantworten. Sollte eine Frage einmal absolut nicht auf Dich oder Deinen Tätigkeitsbereich zutreffen, streiche sie bitte.

Ich garantiere bei dieser Befragung absolute Anonymität. Die Dateneingabe und Auswertung wird ausschließlich von mir selbst durchgeführt und nach der Dateneingabe werden die Fragebögen direkt vernichtet.

Den ausgefüllten Fragebogen kannst Du im beiliegenden frankierten Rückumschlag kostenfrei zurücksenden, alternativ kannst du Ihn auch direkt über den Dokumenteneinwurf im Wachraum an der Wache abgeben.

Bitte sende den Fragebogen spätestens bis zum **20. Januar 2008** zurück.

Die Ergebnisse werden zur Jahreshauptversammlung im 1. Quartal 2008 bekannt gegeben. Es wird außerdem einen ausführlichen Workshop zur Helferbefragung geben.

In diesem Sinne wünsche ich Dir ein besinnliches Weihnachtsfest und einen guten Start ins neue Jahr...

Michael Schmale

V. Motivationsflyer Helferbefragung Greven 2007

Quelle: eigene Gestaltung, als Ideenvorlage diente eine Mitarbeiterbefragung der Deutschen Apotheker- und Arztebank eG (Verfürth 2006) sowie ein Plakat zur Mitarbeiterbefragung der AXA Gruppe (Hey 2006).

VI. Motivationsplakat der Helferbefragung Münster 2007

Quelle: eigene Gestaltung, als Vorlage diente ein Plakat zur Mitarbeiterbefragung der AXA Gruppe (Hey 2006) und das der Helferbefragung in Greven.

VII. Itemübersicht und gültige Werte

Item	Label	N	Fehlend (absolut)	Fehlend (Prozent)
a01	Die Arbeitsbedingungen beim *** fördern meine Tätigkeit	174	13	7,0
a02	Unsere Unterkunft ist gut ausgestattet	172	15	8,0
a03	Unsere Einsatzfahrzeuge sind gut ausgestattet	159	28	15,0
a04	Beim *** habe ich Zugang zu allen Informationen, die ich für meine Tätigkeit benötige	175	12	6,4
a05	Beim *** wird mit Fehlern so umgegangen, dass man aus ihnen lernen kann	171	16	8,6
a06	Ich verfüge beim *** über ausreichend Material und Geräte für meine Tätigkeit	170	17	9,1
a07	Unsere Dienststelle/Wache ist häufig dreckig	169	18	9,6
a08	Beim *** verstehen wir uns als Team	173	14	7,5
a09	Die Rahmenbedingungen beim *** fördern meine Tätigkeit	167	20	10,7
a10	Unsere Unterkunft ist in einem guten Zustand	174	13	7,0
a11	Unsere Einsatzfahrzeuge sind in einem guten Zustand	159	28	15,0
a12	Das Informationssystem beim *** ist gut	169	18	9.6
a13	Wenn es beim *** Probleme unter den Helfern gibt, sprechen wir offen darüber	171	16	8,6
a14	Das mir beim *** zur Verfügung stehende Material und die Geräte haben eine gute Qualität	167	20	10,7
a15	Unsere Einsatzfahrzeuge sind häufig dreckig	157	30	16,0
a16	Die Zusammenarbeit untereinander beim *** ist gut	171	16	8,6
b01	Beim *** wird meine Arbeit angemessen anerkannt	175	12	6,4
b02	Meine Tätigkeit beim *** empfinde ich als sinnvolle Aufgabe	182	5	2,7

b03	Das Arbeitsklima in meinem Tätigkeitsbereich beim *** ist gut	180	7	3,7
b04	Die Aufwandsentschädigungen für meine ehrenamtliche Tätigkeit beim *** sind angemessen	155	32	17,1
b05	Der Umgang unter den Helfern beim *** ist fair	175	12	6,4
b06	Alles in Allem bin ich sehr zufrieden mit meiner Tätigkeit beim ***	182	5	2,7
b07	Ich kann bei meiner Tätigkeit beim *** selbstständige Entscheidungen treffen	175	12	6,4
b08	Ich kann bei meiner Tätigkeit beim *** eigene Ideen und Fähigkeiten einbringen	176	11	5,9
b09	Beim *** wird meine Arbeitsleistung angemessen respektiert	177	10	5,3
b10	Meine Tätigkeit beim *** ist interessant	176	11	5,9
b11	Unter den Helferinnen und Helfern beim *** herrscht ein freundlicher Umgang	173	14	7,5
b12	Meine ehrenamtliche Tätigkeit beim *** wird zu wenig finanziell entschädigt	167	20	10,7
b13	Ich fühle mich beim *** gerecht behandelt	174	13	7,0
b14	Mit meiner Position beim *** bin ich insgesamt sehr gut zufrieden	178	9	4,8
b15	Ich kann meine Tätigkeit beim *** nach eigenen Wünschen und Vorstellungen durchführen	173	14	7,5
b16	Meine Tätigkeit beim *** ermöglicht mir meine persönliche Entwicklung voranzutreiben	171	16	8,6
b17	Ich bin sehr zufrieden, wie es beim *** läuft	175	12	6,4
c01	Ich finde, mir werden beim *** genügend Fort- und Weiterbildungsmöglichkeiten angeboten	177	10	5,3
c02	Die Fort- und Weiterbildungsveranstaltungen sind nützlich für meine Tätigkeit	174	13	7,0
c03	Die mir angebotenen Fort- und Weiterbildungsveranstaltungen interessieren mich	176	11	5,9
c04	Die Helfer beim *** sind für ihre Tätigkeit gut ausgebildet	172	15	8,0
c05	Ich fühle mich für meine Tätigkeit gut ausgebildet	175	12	6,4

c06	Bei meiner Aufnahme habe ich eine intensive Einweisung auf alle Materialien und Geräte erhalten, die ich für meine Tätigkeit brauche	162	25	13,4
c07	Ich glaube die Helfer sind teilweise unsicher bei ihrer Tätigkeit	172	15	8,0
c08	Ich fühle mich teilweise unsicher bei meiner Tätigkeit	170	17	9,1
c09	Ich finde, beim *** werden mir zu wenig Fort- und Weiterbildungsmöglichkeiten angeboten	171	16	8,6
c10	Durch die Fort- und Weiterbildungsveranstaltungen beim *** werden ich sicherer in meiner Tätigkeit	168	19	10,2
c11	Ich finde das Fort- und Weiterbildungsangebot beim *** interessant	168	19	10,2
c12	Die Helfer beherrschen Material und Geräte, welche sie für ihre Tätigkeit brauchen	165	22	11,8
c13	Ich beherrsche Material und Geräte, welche ich für meine Tätigkeit brauche	165	22	11,8
c14	Bei meiner Aufnahme habe ich eine intensive Einweisung in meine Tätigkeit erhalten	170	17	9,1
c15	Ich glaube die Tätigkeit beim *** überfordert die Helfer teilweise	168	19	10,2
c16	Meine Tätigkeit beim *** überfordert mich teilweise	169	18	9.6
d01	Die Führungskräfte beim *** unterstützen mich aktiv in meiner Tätigkeit	172	15	8,0
d02	Die Helferschaft wird bei Entscheidungen beim *** zu wenig gefragt	166	21	11,2
d03	Ich habe Vertrauen zum Orts-Führungskreis	170	17	9,1
d04	Ich habe Vertrauen zu den Vertretern der aktiven Helferschaft beim ***	170	17	9,1
d05	Die Führungskräfte beim *** sind für mich erreichbar, wenn ich sie brauche	177	10	5,3
d06	Ideen und Vorschläge aus der Helferschaft werden beim *** angemessen berücksichtigt	169	18	9,6
d07	Der Orts-Führungskreis leistet gute Arbeit	170	17	9,1
d08	Die Vertreter der aktiven Helferschaft beim *** leisten gute Arbeit	165	22	11,8
d09	Der Orts-Führungskreis besteht aus den richtigen Personen	171	16	8,6

d10	Die Vertreter der aktiven Helferschaft beim *** bestehen aus den richtigen Personen	171	16	8,6
e01	Ich wurde beim *** in einem besonderen Rahmen aufgenommen	164	23	12,3
e02	Ich habe beim *** enge Freunde	172	15	8,0
e03	Unsere Gemeinschaft beim *** ist gut	177	10	5,3
e04	Ich fühle mich in die Gemeinschaft beim *** integriert	176	11	5,9
e05	Ich glaube, das Image des *** in der Öffentlichkeit ist gut	180	7	3,7
e06	Der christliche Glaube hat einen Stellenwert in meinem Leben	179	8	4,3
e07	Beim *** verändert sich Alles immer weiter zum Schlechten	170	17	9,1
e08	Die "Werte der Malteser" sind beim *** gut erfahrbar	171	16	8,6
e09	Meine Aufnahme beim *** habe ich besonders positiv erlebt	172	15	8,0
e10	Ich habe durch meine Mitgliedschaft beim *** gute Freunde gefunden	177	10	5,3
e11	Unser Vereinsleben beim *** ist gut	173	14	7,5
e12	Ich wäre gern mehr in die Gemeinschaft beim *** integriert	165	22	11,8
e13	Ich glaube, unsere Kunden (Patienten, etc..) sind mit unserer Arbeit zufrieden	174	13	7,0
e14	Die religiöse Ausrichtung der Malteser ist mir wichtig	178	9	4,8
e15	Der *** entwickelt sich in die richtige Richtung	174	13	7,0
e16	Leitfaden und Satzung der Malteser spielen beim *** eine wichtige Rolle	169	18	9,6
f01	Ich bin gern im Zentrum des Geschehens	171	16	8,6
f02	Es ist mir wichtig meine Aufgaben gründlich und sorgfältig zu erledigen	177	10	5,3
f03	Ich bin ein äußerst glücklicher Mensch	174	13	7,0

f04	Ich mache mir wenig Sorgen und gerate auch in Stresssituationen nicht aus der Ruhe	173	14	7,5
f05	Ich denke gerne intensiv über das Leben nach	176	11	5,9
f06	Ich kann launisch sein und habe manchmal Stimmungsschwankungen	172	15	8,0
f07	Ich bin manchmal schüchtern und gehemmt	176	11	5,9
f08	Ich plane oft sehr genau, was ich tue	174	13	7,0
f09	Ich bin sehr zufrieden in meinem Leben	177	10	5,3
f10	Ich bin häufiger unzufrieden oder traurig	173	14	7,5
f11	Ich bin vielseitig interessiert und probiere gerne etwas Neues aus	177	10	5,3
f12	Ich bin nicht nachtragend und kann anderen leicht vergeben	179	8	4,3
g01	Ich habe immer weniger Lust auf meine Tätigkeit beim ***	170	17	9,1
g02	Meine Arbeitsbelastung beim *** ist hoch	173	14	7,5
g03	Es ist mir wichtig beim Malteser Hilfsdienst (und nicht woanders) tätig zu sein	175	12	6,4
g04	Ehrenamtliche Tätigkeit spielt für mein Leben eine besondere Rolle	181	6	3,2
g05	Der *** spielt für mein Leben eine besondere Rolle	178	9	4,8
g06	Der *** ist der einzige Verein/Bereich in dem ich ehrenamtlich tätig bin	180	7	3,7
g07	Meine Tätigkeit beim *** ist teilweise sehr stressig	176	11	5,9
g08	Ich würde die Dienste des *** selbst in Anspruch nehmen	175	12	6,4
g09	Ich informiere mich immer über Neuigkeiten beim ***	171	16	8,6
g10	Ich kenne die Geschichte der Malteser	176	11	5,9
g11	Ich verstehe wie Entscheidungen beim *** getroffen werden	172	15	8,0

g12	Ich würde mich bei Problemen an die Helfervertretung wenden	172	15	8,0
g13	Ich wäre bereit mich beim *** mehr zu engagieren	174	13	7,0
g14	Ich habe in den letzten 12 Monaten erlebt, dass Helfer beim *** gemobbt wurden	177	10	5,3
g15	Ich bin immer motiviert etwas beim *** zu machen.	173	14	7,5
g16	Meine Tätigkeit beim *** ist teilweise psychisch belastend	169	18	9,6
g17	Im Vergleich zu anderen Mitgliedern, verbringe ich überdurchschnittlich viel Zeit beim ***	171	16	8,6
g18	Ich überlege ernsthaft aus dem *** auszutreten	177	10	5,3
g19	Meine Tätigkeit beim *** ist anstrengend	176	11	5,9
g20	Der Malteser Hilfsdienst im Allgemeinen spielt in meinem Leben eine besondere Rolle	174	13	7,0
g21	Ohne ehrenamtliche Tätigkeit würde mir etwas in meinem Leben fehlen	182	5	2,7
g22	Ohne den *** würde mir etwas in meinem Leben fehlen	172	15	8,0
g23	Neben der Tätigkeit beim *** bin ich noch in anderen Vereinen/Bereichen ehrenamtlich tätig	176	11	5,9
g24	Meine Tätigkeit beim *** belastet mich gesundheitlich	180	7	3,7
g25	Ich würde den *** weiterempfehlen	178	9	4,8
g26	Ich nutze die Informationsangebote beim *** regelmäßig	171	16	8,6
g27	Ich kenne die Inhalte von Leitfaden und Satzung der Malteser	172	15	8,0
g28	Ich weiß welche Personen zum Orts-Führungskreis gehören	179	8	4,3
g29	Wenn mir etwas beim *** nicht gefällt bemühe ich mich, dass es verbessert / geändert wird.	175	12	6,4
g30	Ich könnte mich beim *** zeitlich mehr engagieren	175	12	6,4
g31	Ich wurde in den letzten 12 Monaten beim *** ernsthaft gemobbt	176	11	5,9

g32	Ich freue mich immer auf meine Tätigkeit beim ***	175	12	6,4
g33	Meine Tätigkeit beim *** hat mich schon mal psychisch belastet	174	13	7,0
g34	Ich glaube ich investiere mehr Zeit beim *** als es andere Helfer tun	173	14	7,5

Quelle: eigene Berechnungen

VIII. Deskriptive Item-Statistik

Item	N	Min	Max	Median	Mittelwert	St.Abw.	Schiefe	Kurtosis
a01	174	1	5	2,00	2,46	0,95	0,20	-0,51
a02	172	1	5	2,00	2,23	0,84	0,50	0,11
a03	159	1	5	2,00	2,27	0,88	0,50	-0,10
a04	175	1	5	2,00	2,11	1,15	0,89	-0,15
a05	171	1	5	3,00	2,75	1,14	0,32	-0,53
a06	170	1	5	2,00	1,92	0,90	1,13	1,44
a07	169	1	5	3,00	2,92	1,16	-0,01	-0,83
a08	173	1	5	2,00	2,45	1,07	0,53	-0,25
a09	167	1	5	3,00	2,69	0,98	0,27	-0,16
a10	174	1	5	2,00	2,61	1,06	0,39	-0,49
a11	159	1	5	2,00	2,47	0,94	0,56	0,42
a12	169	1	5	2,00	2,59	1,03	0,60	-0,07
a13	171	1	5	3,00	3,05	1,11	0,04	-0,60
a14	167	1	5	2,00	2,16	0,81	0,55	0,42
a15	157	1	5	3,00	3,39	0,95	-0,33	-0,13
a16	171	1	5	2,00	2,43	0,91	0,66	0,49
b01	175	1	5	2,00	2,30	1,01	0,55	-0,22
b02	182	1	4	1,00	1,45	0,66	1,40	1,67
b03	180	1	5	2,00	2,02	0,94	0,78	0,17
b04	155	1	5	2,00	2,48	1,28	0,55	-0,61
b05	175	1	5	2,00	2,39	1,01	0,43	-0,39
b06	182	1	5	2,00	1,98	0,88	0,93	0,90
b07	175	1	5	2,00	2,22	1,09	0,64	-0,36
b08	176	1	5	2,00	2,14	1,07	0,77	0,01
b09	177	1	5	2,00	2,39	1,01	0,58	-0,30
b10	176	1	5	2,00	1,65	0,75	1,25	2,22
b11	173	1	5	2,00	2,23	0,90	0,32	-0,40
b12	167	1	5	4,00	3,78	1,28	-0,79	-0,46
b13	174	1	5	2,00	2,11	1,03	0,97	0,59
b14	178	1	5	2,00	1,94	1,01	1,13	0,79
b15	173	1	5	2,00	2,27	1,04	0,50	-0,41
b16	171	1	5	2,00	2,37	1,18	0,63	-0,45
b17	175	1	5	2,00	2,59	1,08	0,63	-0,27
c01	177	1	5	2,00	2,06	1,19	1,01	0,12
c02	174	1	5	2,00	1,89	1,01	1,18	1,02
c03	176	1	5	2,00	1,99	0,93	0,81	0,32
c04	172	1	5	2,00	2,20	0,82	0,50	0,22
c05	175	1	5	2,00	1,74	0,78	1,15	1,85
c06	162	1	5	2,00	2,38	1,27	0,65	-0,67
c07	171	1	5	3,00	3,01	1,02	-0,06	-0,39
c08	170	1	5	4,00	3,87	0,99	-0,87	0,23
c09	171	1	5	4,00	3,85	1,14	-1,02	0,49
c10	168	1	5	2,00	2,27	1,16	0,88	0,08
c11	168	1	5	2,00	2,23	0,95	0,58	0,04
c12	165	1	5	3,00	2,56	0,90	0,23	-0,13
c13	165	1	5	2,00	1,85	0,78	0,82	1,03
c14	170	1	5	2,00	2,66	1,35	0,38	-1,11
c15	168	1	5	3,00	3,20	0,99	-0,27	-0,32
c16	169	1	5	4,00	4,18	0,93	-1,40	2,16

d01	172	1	5	2,00	2,38	1,15	0,72	-0,10
d02	166	1	5	3,00	3,03	1,16	-0,34	-0,60
d03	170	1	5	2,00	2,24	1,16	0,79	-0,13
d04	170	1	5	2,00	1,98	0,96	0,76	-0,01
d05	177	1	5	2,00	1,90	1,04	1,28	1,21
d06	169	1	5	2,00	2,48	1,01	0,34	-0,18
d07	170	1	5	2,00	2,17	1,01	0,74	0,22
d08	165	1	4	2,00	2,04	0,83	0,25	-0,81
d09	171	1	5	2,00	2,25	1,03	0,56	-0,17
d10	171	1	5	2,00	2,04	0,94	0,56	-0,41
e01	164	1	5	4,00	3,53	1,37	-0,48	-1,03
e02	172	1	5	2,00	2,32	1,33	0,50	-1,11
e03	177	1	5	2,00	2,28	1,04	0,60	-0,20
e04	176	1	5	2,00	2,16	1,07	0,63	-0,39
e05	180	1	5	2,00	2,14	0,98	0,88	0,61
e06	179	1	5	2,00	2,51	1,44	0,45	-1,19
e07	170	1	5	4,00	3,82	1,12	-0,57	-0,65
e08	171	1	5	3,00	2,93	1,05	0,17	-0,50
e09	172	1	5	2,00	2,52	1,21	0,44	-0,79
e10	177	1	5	2,00	2,08	1,17	0,76	-0,46
e11	173	1	5	2,00	2,35	0,93	0,43	-0,07
e12	165	1	5	3,00	3,24	1,09	-0,17	-0,71
e13	174	1	4	2,00	1,88	0,66	0,63	1,25
e14	178	1	5	3,00	2,91	1,46	0,15	-1,36
e15	174	1	5	2,00	2,38	1,08	0,51	-0,33
e16	169	1	5	3,00	2,75	1,03	0,32	-0,21
f01	171	1	5	3,00	2,76	1,18	0,13	-0,90
f02	177	1	3	1,00	1,32	0,52	1,38	0,97
f03	174	1	5	2,00	2,06	0,80	0,64	0,63
f04	173	1	5	2,00	2,18	0,83	0,47	0,15
f05	175	1	5	2,00	2,23	1,05	0,58	-0,37
f06	172	1	5	3,00	3,19	1,13	-0,29	-0,69
f07	176	1	5	4,00	3,65	1,15	-0,65	-0,51
f08	174	1	5	2,00	2,14	0,93	0,73	0,41
f09	177	1	5	2,00	2,00	0,87	0,78	0,62
f10	172	1	5	4,00	3,95	0,99	-0,78	-0,03
f11	177	1	4	2,00	1,79	0,76	0,84	0,64
f12	179	1	5	2,00	2,20	1,01	0,65	-0,07
g01	170	1	5	4,00	3,94	1,13	-0,94	0,08
g02	173	1	5	4,00	3,57	1,21	-0,60	-0,57
g03	175	1	5	2,00	2,17	1,24	0,87	-0,28
g04	181	1	5	2,00	1,84	1,05	1,35	1,16
g05	178	1	5	2,00	2,20	1,15	0,84	0,00
g06	180	1	5	2,00	2,76	1,83	0,25	-1,81
g07	176	1	5	3,00	3,27	1,30	-0,30	-1,03
g08	175	1	5	1,00	1,81	1,03	1,38	1,50
g09	171	1	5	2,00	2,17	1,11	0,85	0,11
g10	176	1	5	2,00	2,48	1,25	0,48	-0,83
g11	172	1	5	2,00	2,63	1,26	0,51	-0,75
g12	172	1	5	2,00	2,35	1,31	0,59	-0,82
g13	174	1	5	3,00	2,90	1,21	0,24	-0,81
g14	177	1	5	2,00	2,58	1,45	0,45	-1,17

g15	173	1	5	2,00	2,32	0,93	0,33	-0,50
g16	169	1	5	4,00	3,42	1,18	-0,36	-0,84
g17	171	1	5	4,00	3,49	1,30	-0,59	-0,80
g18	177	1	5	5,00	3,97	1,34	-1,07	-0,17
g19	176	1	5	4,00	3,42	1,11	-0,36	-0,73
g20	174	1	5	2,00	2,43	1,25	0,51	-0,86
g21	182	1	5	2,00	2,12	1,25	0,88	-0,36
g22	172	1	5	2,00	2,49	1,21	0,49	-0,67
g23	176	1	5	3,00	3,14	1,77	-0,09	-1,81
g25	178	1	5	1,50	1,76	0,96	1,40	1,76
g26	171	1	5	2,00	2,33	1,13	0,62	-0,40
g27	172	1	5	3,00	2,69	1,30	0,33	-0,98
g28	179	1	5	2,00	1,93	1,11	1,21	0,69
g29	175	1	5	2,00	2,18	0,97	0,79	0,55
g30	175	1	5	4,00	3,59	1,14	-0,46	-0,70
g31	176	1	5	5,00	4,13	1,33	-1,36	0,43
g32	175	1	5	2,00	2,02	0,83	0,93	1,35
g33	174	1	5	4,00	3,48	1,37	-0,39	-1,20
g34	173	1	5	4,00	3,50	1,36	-0,51	-0,99

Quelle: eigene Berechnung.

IX. Komponentenmatritzen der Faktorenanalyse

1) Analysefeld Tätigkeitsbedingungen

Item	Varimax-Rotation					Promax6-Rotation (Mustermatrix)				
	1	**2**	**3**	**4**	**5**	**1**	**2**	**3**	**4**	**5**
a01	**0,54**					**0,55**				
a02			**0,59**	0,46				**0,57**	0,47	
a03		**0,79**		0,35			**0,79**			
a04	0,49			**0,55**		0,34	-0,31		**0,54**	
a05	**0,59**		0,38			**0,55**				
a06				**0,78**					**0,86**	
a07			**-0,78**					**-0,84**		
a08	**0,78**					**0,83**	-0,34			
a09	0,46			**0,50**		0,44			**0,45**	
a10			**0,79**					**0,81**		
a11		**0,82**					**0,84**			
a12	**0,65**					**0,65**				
a13	**0,68**					**0,77**			-0,38	
a14		0,53		**0,51**			0,46		0,47	
a15	-0,31	**-0,51**	-0,36				**-0,49**	-0,30		
a16	**0,78**					**0,88**				
b04					**0,86**					**0,88**
b12					**-0,90**					**-0,93**

Quelle: eigene Berechnung; Hauptkomponentenanalyse, Extraktion nach Kaiser-Kriterium, höchste Faktorladungen jeweils hervorgehoben, Faktorladungen <0,30 nicht unterdrückt.

2) Analysefeld Tätigkeitsempfinden

Item	Varimax-Rotation			Promax6-Rotation (Mustermatrix)		
	1	**2**	**3**	**1**	**2**	**3**
b01	**0,66**	0,31	0,35	**0,63**		
b02	0,45		**0,59**			0,61
b03	**0,72**			**0,90**		-0,33
b05	**0,71**			**0,83**		
b06	**0,64**		0,40	**0,61**		
b07		**0,87**			**1,02**	
b08		**0,82**			**0,91**	
b09	**0,71**	0,33		**0,72**		
b10			**0,84**			**1,08**
b11	**0,80**			**1,02**		-0,32
b13	**0,73**		0,32	**0,78**		
b14	**0,52**	0,44	0,39	**0,37**		
b15	0,36	**0,79**			**0,82**	
b16		0,36	**0,64**			**0,72**
b17	**0,75**			**0,86**		

Quelle: eigene Berechnung; Hauptkomponentenanalyse, Extraktion nach Kaiser-Kriterium, höchste Faktorladungen jeweils hervorgehoben, Faktorladungen <0,30 nicht unterdrückt.

3) Analysefeld Aus-, Fort- und Weiterbildung

Item	Varimax-Rotation					Promax6-Rotation (Mustermatrix)				
	1	2	3	4	5	1	2	3	4	5
c01	0,31				0,84					0,88
c02	0,71				0,45	0,62				0,38
c03	0,83					0,84				
c04			-0,49	0,45				-0,41	0,41	
c05	0,32	0,68				0,34	0,74			
c06				0,79					0,86	
c07			0,85					0,90		
c08		-0,77					-0,82		0,33	
c09					-0,84					-0,93
c10	0,83					0,87				
c11	0,83					0,83				
c12		0,41	-0,53	0,44				-0,43	0,37	
c13		0,71		0,36			0,69		0,31	
c14				0,83					0,90	
c15			0,87					0,91		
c16		-0,62					-0,62			

Quelle: eigene Berechnung; Hauptkomponentenanalyse, Extraktion nach Kaiser-Kriterium, höchste Faktorladungen jeweils hervorgehoben, Faktorladungen <0,30 nicht unterdrückt.

4) Analysefeld Führungsstruktur

Item	Varimax-Rotation		Promax6-Rotation (Mustermatrix)	
	1	2	1	2
d01	0,73		0,76	
d02	-0,73		-0,75	
d03	0,81		0,83	
d04		0,83		0,86
d05	0,72		0,75	
d06	0,75		0,75	
d07	0,86		0,89	
d08		0,88		0,90
d09	0,83		0,86	
d10		0,88		0,90

Quelle: eigene Berechnung; Hauptkomponentenanalyse, Extraktion nach Kaiser-Kriterium, höchste Faktorladungen jeweils hervorgehoben, Faktorladungen <0,30 nicht unterdrückt.

5) Analysefeld Vereinskultur

Item	Varimax-Rotation				Promax6-Rotation (Mustermatrix)			
	1	**2**	**3**	**4**	**1**	**2**	**3**	**4**
e01			**0,66**				**0,70**	
e02		**0,87**				**0,91**		
e03	**0,74**				**0,69**			
e04	**0,66**	0,54			**0,59**	0,45		
e05	**0,64**				**0,66**			
e06				**0,93**				**0,97**
e07	**-0,83**				**-0,95**			
e08	0,43		**0,62**		0,36		**0,56**	
e09		0,34	**0,71**			0,30	**0,78**	
e10		**0,92**				**0,97**		
e11	**0,75**				**0,70**			
e12	**-0,49**		0,40		**-0,62**		0,52	
e13	**0,51**				**0,49**			
e14				**0,95**				**0,98**
e15	**0,80**				**0,83**			
e16			**0,63**				**0,59**	

Quelle: eigene Berechnung; Hauptkomponentenanalyse, Extraktion nach Kaiser-Kriterium, höchste Faktorladungen jeweils hervorgehoben, Faktorladungen <0,30 nicht unterdrückt.

6) Analysefeld Persönlichkeit

Item	Varimax-Rotation				
	1	**2**	**3**	**4**	**5**
f01	0,36	0,39	**-0,48**	0,50	0,16
f02	**0,48**	0,33	0,36	-0,20	-0,27
f04	**0,48**	-0,43	-0,13	0,00	0,45
f05	0,38	**0,62**	0,05	0,06	0,36
f06	-0,40	0,35	**-0,53**	-0,24	0,17
f07	**-0,50**	0,33	0,33	0,33	-0,05
f08	0,24	0,39	0,18	**-0,68**	0,17
f10	**-0,59**	0,41	0,25	0,17	0,13
f11	**0,56**	0,28	-0,25	0,15	-0,54
f12	0,43	-0,08	**0,55**	0,35	0,23

Quelle: eigene Berechnung; Hauptkomponentenanalyse, Extraktion von fünf festen Faktoren, höchste Faktorladungen jeweils hervorgehoben.

7) Analysefeld Spezielle Kennzahlen

Item	Varimax-Rotation								Promax6-Rotation							
	1	2	3	4	5	6	7	8	1	2	3	4	5	6	7	8
g01				-0,64								-0,61	-0,43		0,32	
g02		0,57		0,40						0,46			0,35			
g03	0,64				0,42				0,71					0,38		
g04	0,76								0,77							
g05	0,76								0,76							
g06							0,94									0,95
g07		0,60			0,52					0,44			0,51			
g08			0,59								0,64		-0,31			
g09			0,67		0,37	0,33					0,71		0,39			
g10						0,88								0,97		
g11					0,66								0,83			
g12			0,68								0,72					
g14							0,75								0,88	
g15			0,68			0,30					-0,33	0,87			0,36	
g16		0,84								1,03			-0,34			
g17		0,32			0,54		0,57						0,51		0,52	
g18			-0,63									-0,61				
g19		0,67								0,65						
g20	0,78								0,84							
g21	0,77								0,77							
g22	0,78								0,78							
g23								-0,93								-0,94
g24		0,64								0,66						
g25	0,34		0,36	0,54		-0,31						0,45			-0,36	
g26			0,77								0,82					
g27							0,84								0,91	
g28					0,52	0,54							0,54	0,43		
g29			0,37		0,41	0,31							0,42			
g31							0,67								0,77	
g32				0,64	-0,40								0,69	-0,46		
g33		0,76								0,85						
g34		0,37			0,44		0,57						0,35		0,53	

Quelle: eigene Berechnung; Hauptkomponentenanalyse, Extraktion nach Kaiser-Kriterium, höchste Faktorladungen jeweils hervorgehoben, Faktorladungen <0,30 nicht unterdrückt.

X. Anti-Image-Matrizen der Items des Analysefeldes Spezielle Kennzahlen

Anti-Image-Kovarianz

ITEM	g01	g02	g03	g04	g05	g06	g07	g08	g09	g10	g11	g12	g13	g14	g15	g16	g17	g18	g19	g20	g21	g22	g23	g24	g25	g26	g27	g28	g29	g30	g31	g32	g33	g34
g01	0.39	-0.03	-0.01	-0.01	-0.03	-0.01	0.01	0.01	-0.03	0.00	0.04	0.05	-0.05	0.05	0.05	-0.03	0.03	-0.16	0.00	0.01	0.03	0.00	-0.01	0.06	0.09	0.00	-0.03	0.07	0.02	0.04	-0.07	0.03	0.03	-0.04
g02	-0.03	0.38	0.02	0.02	-0.05	0.02	-0.03	-0.03	0.05	0.05	0.05	0.10	0.04	0.13	0.09	-0.01	0.10	0.03	-0.10	0.00	0.04	-0.05	0.02	-0.05	0.04	-0.03	0.01	-0.10	0.01	0.04	-0.05	0.02	0.00	0.02
g03	-0.01	0.02	0.44	0.02	-0.09	0.18	0.01	-0.02	-0.01	-0.03	-0.03	-0.03	-0.05	0.08	0.04	0.00	-0.01	0.01	-0.06	-0.13	-0.05	0.01	0.02	0.01	0.03	0.05	-0.02	0.00	0.02	0.02	-0.05	0.03	0.09	0.02
g04	-0.01	0.02	0.02	0.25	-0.11	-0.04	-0.10	-0.10	-0.01	-0.09	0.04	0.02	-0.12	0.10	0.04	-0.05	0.01	0.04	0.04	-0.07	-0.05	0.01	0.02	0.01	0.02	0.02	0.01	0.03	0.10	0.03	0.03	-0.04	0.01	-0.02
g05	-0.03	-0.05	-0.09	-0.11	0.31	-0.02	-0.04	-0.02	-0.09	-0.04	0.05	-0.02	-0.07	-0.02	0.04	0.00	-0.06	-0.05	-0.02	0.01	0.01	0.02	-0.07	-0.07	0.02	-0.01	0.02	0.03	-0.04	-0.07	0.00	-0.07	-0.07	0.00
g06	-0.01	0.02	0.18	-0.04	-0.02	0.18	-0.04	-0.03	0.11	-0.08	0.03	-0.01	0.02	0.02	0.03	-0.01	-0.01	-0.02	0.00	0.03	0.03	0.00	-0.01	-0.02	-0.01	0.01	0.03	0.00	-0.01	0.00	-0.01	0.01	0.01	-0.03
g07	0.01	-0.03	0.01	-0.10	-0.04	-0.04	0.27	0.11	-0.09	-0.07	-0.03	0.08	0.07	0.04	0.04	0.00	0.01	0.02	0.00	0.04	-0.03	0.04	0.00	-0.07	0.07	0.02	0.02	0.01	0.06	-0.05	0.06	0.01	0.03	-0.05
g08	0.01	-0.03	-0.02	-0.10	-0.02	-0.03	0.11	0.53	-0.04	-0.06	-0.03	-0.09	0.08	-0.02	-0.06	0.35	-0.04	-0.09	-0.08	-0.03	0.04	0.00	0.04	-0.09	-0.01	0.09	-0.03	0.00	0.00	0.07	-0.04	-0.08	-0.19	0.00
g09	-0.03	0.05	-0.01	-0.01	-0.09	0.11	-0.09	-0.04	0.33	-0.08	0.01	-0.06	0.05	-0.05	0.02	-0.01	0.02	-0.05	0.06	-0.05	0.02	-0.05	0.04	-0.02	-0.05	-0.16	-0.10	0.03	-0.10	-0.03	-0.04	0.02	0.01	0.04
g10	0.00	0.05	-0.03	-0.09	-0.04	-0.08	-0.07	-0.06	-0.08	0.36	0.02	0.02	-0.04	0.10	-0.03	0.04	-0.09	0.08	0.03	0.08	-0.10	0.03	0.03	0.00	0.01	0.01	-0.04	0.08	-0.22	0.00	0.00	-0.02	0.00	0.01
g11	0.04	0.05	-0.03	0.04	0.05	0.03	-0.03	-0.03	0.01	0.02	0.52	0.00	0.02	0.10	0.04	0.02	0.10	0.01	-0.01	-0.03	0.01	-0.03	0.04	0.00	-0.01	0.01	0.01	0.00	-0.10	-0.03	-0.03	-0.02	-0.01	0.08
g12	0.05	0.10	-0.03	0.02	-0.02	-0.01	0.08	-0.09	-0.06	0.02	0.00	0.50	-0.01	0.07	-0.05	-0.05	-0.02	-0.08	-0.01	-0.04	-0.02	0.03	-0.01	0.02	0.02	0.04	0.09	0.00	0.00	0.08	-0.07	-0.08	0.02	-0.01
g13	-0.05	0.04	-0.05	-0.12	-0.07	0.02	0.07	0.08	0.05	-0.04	0.02	-0.01	0.54	-0.06	-0.02	0.06	-0.03	-0.04	-0.01	-0.05	-0.06	-0.02	0.00	0.00	0.04	-0.16	-0.16	0.02	-0.03	-0.05	-0.16	0.08	-0.02	0.04
g14	0.05	0.13	0.08	0.10	-0.02	0.02	0.04	-0.02	-0.05	0.10	0.10	0.07	-0.06	0.55	0.04	0.00	0.10	0.08	-0.02	-0.03	0.01	-0.04	0.02	-0.06	0.04	-0.04	-0.04	0.04	0.04	0.04	-0.18	0.08	-0.01	0.06
g15	0.05	0.09	0.04	0.04	0.04	0.03	0.04	-0.06	0.02	-0.03	0.04	-0.05	-0.02	0.04	0.58	0.00	-0.06	0.04	-0.03	-0.04	0.02	0.00	-0.01	-0.02	0.06	-0.01	0.01	-0.09	0.06	0.07	0.06	-0.16	0.07	-0.02
g16	-0.03	-0.01	0.00	-0.05	0.00	-0.01	0.00	0.35	-0.01	0.04	0.00	-0.05	0.06	0.00	0.00	0.35	-0.01	0.01	-0.03	0.03	0.00	-0.07	0.09	-0.01	-0.06	-0.01	0.03	0.00	-0.01	-0.12	0.00	0.02	0.02	0.02
g17	0.03	0.10	-0.01	0.01	-0.06	-0.01	0.01	-0.04	0.02	-0.09	0.10	-0.02	-0.03	0.10	-0.06	-0.01	0.22	-0.05	0.06	0.06	0.01	0.06	0.01	0.04	0.03	0.04	0.02	0.06	0.04	0.01	0.01	0.13	0.00	-0.01
g18	-0.16	0.03	0.01	0.04	-0.05	-0.02	0.02	-0.09	-0.05	0.08	0.01	-0.08	-0.04	0.08	0.04	0.01	-0.05	0.40	-0.01	-0.01	-0.01	-0.03	-0.02	-0.07	0.01	0.01	0.01	-0.03	0.08	-0.03	0.04	0.08	-0.03	0.07
g19	0.00	-0.10	-0.06	0.04	-0.02	0.00	0.00	-0.08	0.06	0.03	-0.01	-0.01	-0.01	-0.02	-0.03	-0.03	0.06	-0.01	0.43	-0.04	-0.04	0.07	0.00	0.00	0.01	0.07	0.03	-0.05	0.11	0.07	-0.01	0.03	0.03	-0.06
g20	0.01	0.00	-0.13	-0.07	0.01	0.03	0.04	-0.03	-0.05	0.08	-0.03	-0.04	-0.05	-0.03	-0.04	0.03	0.06	-0.01	-0.04	0.34	0.06	-0.11	-0.12	0.02	0.04	-0.03	-0.04	0.38	-0.11	-0.05	0.01	0.04	-0.02	0.00
g21	0.03	0.04	-0.05	-0.05	0.01	0.03	-0.03	0.04	0.02	-0.10	0.01	-0.02	-0.06	0.01	0.02	0.00	0.01	-0.01	-0.04	0.06	0.19	-0.12	0.18	-0.03	0.00	-0.03	-0.02	0.09	-0.03	0.03	0.03	0.02	-0.01	0.02
g22	0.00	-0.05	0.01	0.01	0.02	0.00	0.04	0.00	-0.05	0.03	-0.03	0.03	-0.02	-0.04	0.00	-0.07	0.06	-0.03	0.07	-0.11	-0.12	0.18	0.03	-0.01	-0.05	0.02	0.03	0.00	-0.01	-0.05	0.03	0.00	-0.02	0.03
g23	-0.01	0.02	0.02	0.02	-0.07	-0.01	0.00	0.04	0.04	0.03	0.04	-0.01	0.00	0.02	-0.01	0.09	0.01	-0.02	0.00	-0.03	0.18	0.03	0.16	-0.06	0.03	0.01	0.00	-0.06	-0.04	0.01	0.05	0.01	0.01	0.02
g24	0.06	-0.05	0.01	0.01	-0.07	-0.02	-0.07	-0.09	-0.02	0.00	0.00	0.02	0.00	-0.06	-0.02	-0.01	0.04	-0.07	0.00	-0.01	-0.03	-0.01	-0.06	0.60	0.09	-0.05	-0.02	0.03	0.04	0.05	0.01	0.04	-0.08	0.00
g25	0.09	0.04	0.03	0.02	0.02	-0.01	0.07	-0.01	-0.05	0.01	-0.01	0.02	0.04	0.04	0.06	-0.06	0.03	0.01	0.01	0.02	0.00	-0.05	0.03	0.09	0.33	0.02	-0.04	-0.03	0.00	0.17	-0.06	0.04	0.07	-0.02
g26	0.00	-0.03	0.05	0.02	-0.01	0.01	0.02	0.09	-0.16	0.01	0.01	0.04	-0.01	-0.01	-0.01	-0.01	0.00	0.01	0.07	-0.03	-0.03	0.02	0.01	-0.02	0.37	0.02	-0.03	-0.02	-0.04	-0.04	0.02	0.00	-0.03	0.01
g27	-0.03	0.01	-0.02	0.01	0.02	0.03	-0.04	-0.03	0.05	-0.04	0.01	0.09	0.01	-0.03	0.01	-0.03	-0.02	0.01	0.01	-0.04	-0.02	0.03	0.00	-0.04	-0.03	0.34	-0.03	-0.08	-0.01	-0.01	0.00	0.03	-0.02	0.03
g28	0.07	-0.10	0.00	0.03	0.03	0.00	0.04	0.00	-0.10	0.08	0.00	0.00	0.07	-0.02	0.03	0.00	0.06	-0.03	0.07	0.38	0.09	-0.11	0.01	0.03	-0.02	0.00	-0.03	0.38	-0.11	0.02	-0.07	0.03	-0.04	0.03
g29	0.02	0.01	0.02	0.10	-0.04	-0.01	-0.03	0.00	-0.13	-0.22	-0.10	0.00	-0.03	-0.04	-0.05	-0.01	0.04	-0.11	0.00	-0.11	-0.03	0.00	0.07	0.04	0.00	0.02	-0.01	-0.11	0.50	0.04	0.04	-0.02	-0.02	-0.05
g30	0.04	0.04	0.02	0.03	-0.07	0.00	0.00	0.07	0.07	0.00	0.08	0.08	-0.05	0.04	-0.05	-0.16	0.04	-0.01	-0.12	0.01	-0.05	0.02	-0.03	0.05	0.01	0.17	0.00	0.02	0.00	0.50	-0.07	0.10	-0.05	-0.05
g31	-0.07	-0.05	-0.05	0.03	0.00	-0.01	0.06	-0.04	0.00	0.00	-0.04	-0.07	-0.18	-0.18	0.06	0.08	0.01	0.07	-0.05	0.01	0.02	-0.03	-0.02	0.01	0.02	-0.04	0.03	-0.07	-0.07	-0.07	0.48	-0.12	-0.06	-0.02
g32	0.03	0.02	0.03	-0.04	-0.07	0.01	0.01	-0.08	0.02	-0.02	-0.02	-0.08	0.08	0.08	-0.16	0.02	0.13	0.08	0.03	0.04	0.01	0.04	0.04	0.04	0.04	0.02	0.01	0.03	0.04	0.02	-0.12	0.45	0.40	-0.02
g33	0.03	0.00	0.09	0.01	-0.07	0.01	0.03	-0.19	0.01	0.00	0.01	0.02	-0.02	-0.01	0.07	0.02	0.00	-0.03	0.03	-0.02	-0.01	0.00	0.01	-0.08	0.07	0.00	0.03	-0.04	-0.02	0.10	-0.06	0.00	0.40	-0.02
g34	-0.04	0.02	0.02	-0.02	0.00	-0.03	-0.05	0.00	0.04	0.01	0.08	-0.01	0.04	0.06	-0.02	0.02	-0.01	0.07	-0.06	0.00	0.02	0.03	0.02	0.00	-0.02	0.01	-0.06	0.00	0.00	-0.05	-0.02	-0.02	-0.02	0.21

Anti-Image-Korrelation

Item	g01	g02	g03	g04	g05	g06	g07	g08	g09	g10	g11	g12	g13	g14	g15	g16	g17	g18	g19	g20	g21	g22	g23	g24	g25	g26	g27	g28	g29	g30	g31	g32	g33	g34
g01	**0,83**	-0,08	-0,01	0,06	-0,10	-0,04	0,03	0,03	-0,10	-0,01	0,09	0,06	-0,12	0,11	0,11	-0,09	0,10	-0,41	0,00	-0,03	0,13	-0,02	-0,05	0,13	0,26	0,01	-0,07	0,19	0,04	0,08	-0,17	0,07	-0,03	-0,14
g02	-0,08	**0,77**	0,04	0,05	-0,16	0,08	-0,07	0,14	0,14	0,12	0,22	0,09	0,29	0,29	0,18	-0,02	-0,36	0,07	-0,26	-0,01	0,15	-0,17	0,07	-0,11	0,10	-0,07	0,02	-0,27	0,01	0,09	-0,11	0,05	-0,01	0,08
g03	-0,01	0,04	**0,78**	0,05	-0,23	-0,11	0,04	-0,21	-0,02	-0,23	-0,05	-0,06	-0,25	0,16	0,09	0,00	0,04	0,03	-0,14	-0,35	-0,16	0,04	0,06	0,01	0,08	0,13	-0,04	-0,01	0,04	0,05	-0,11	0,06	0,22	0,08
g04	0,06	0,05	0,05	**0,75**	-0,39	-0,08	-0,07	0,10	-0,11	-0,05	-0,02	0,06	0,11	-0,18	-0,12	-0,16	0,06	0,03	0,08	0,13	-0,24	-0,54	-0,04	0,04	0,06	-0,06	0,23	0,09	0,28	0,05	-0,12	0,11	0,02	-0,09
g05	-0,10	-0,16	-0,23	-0,39	**0,85**	-0,08	0,19	0,10	-0,19	0,00	-0,08	-0,13	-0,02	0,05	-0,08	0,23	0,03	0,04	0,08	0,05	0,04	-0,08	-0,06	-0,02	-0,22	0,03	-0,25	-0,10	-0,10	-0,18	0,15	-0,19	-0,20	-0,01
g06	-0,04	0,08	-0,11	-0,08	-0,08	**0,53**	-0,19	0,30	-0,29	0,05	-0,01	-0,09	0,07	0,16	-0,08	-0,10	0,00	0,05	0,02	0,13	0,10	0,05	-0,01	0,03	-0,08	-0,06	-0,07	0,00	-0,02	0,05	-0,10	0,04	-0,10	0,06
g07	0,03	-0,07	0,04	-0,07	0,19	-0,19	**0,76**	-0,09	0,03	-0,07	0,10	0,03	0,19	0,05	0,10	0,00	-0,27	-0,05	-0,26	0,01	-0,26	0,19	-0,23	-0,14	0,00	0,00	0,01	0,19	0,00	0,13	0,17	0,02	0,19	0,04
g08	0,03	0,14	-0,21	0,10	0,10	0,30	-0,09	**0,65**	-0,09	-0,22	-0,06	-0,11	0,15	0,05	0,09	-0,11	0,02	-0,08	0,05	0,07	0,05	0,08	-0,17	-0,01	-0,06	-0,18	0,07	0,21	-0,06	0,21	-0,35	0,20	0,04	-0,13
g09	-0,10	0,14	-0,02	-0,11	-0,19	-0,29	0,03	-0,09	**0,78**	-0,22	0,01	-0,14	-0,09	0,00	0,09	0,09	0,05	0,05	0,04	-0,03	0,05	0,00	0,13	0,15	-0,27	-0,06	0,03	0,14	-0,06	-0,17	0,12	0,11	0,23	0,14
g10	-0,01	0,12	-0,23	-0,05	0,00	0,05	-0,07	-0,22	-0,22	**0,66**	0,05	0,10	0,18	-0,11	-0,07	0,00	0,05	0,05	-0,09	0,24	0,08	0,05	-0,12	-0,15	0,03	0,01	0,08	-0,03	-0,01	0,00	0,11	-0,16	-0,01	0,05
g11	0,09	0,22	-0,05	-0,02	-0,08	-0,01	0,10	-0,06	0,01	0,05	**0,79**	0,01	0,14	-0,01	-0,05	0,21	-0,05	-0,05	-0,16	0,01	0,05	0,11	0,12	0,09	-0,02	0,01	0,00	-0,23	-0,07	-0,06	0,00	0,10	-0,16	0,24
g12	0,06	0,09	-0,06	0,06	-0,13	-0,09	0,03	-0,11	-0,14	0,10	0,01	**0,83**	-0,02	0,14	-0,02	-0,09	-0,04	0,03	-0,21	0,22	-0,07	0,00	0,04	-0,06	0,09	-0,23	0,05	0,00	0,00	0,16	-0,23	0,02	0,05	-0,04
g13	-0,12	0,09	-0,25	0,11	-0,02	0,07	0,19	0,15	-0,12	0,09	-0,02	-0,02	**0,46**	-0,11	-0,04	0,14	-0,09	-0,08	0,03	0,25	0,24	-0,19	-0,08	0,00	0,07	-0,18	0,14	0,13	0,11	0,16	0,16	-0,24	-0,04	-0,06
g14	0,11	0,29	0,16	-0,18	0,05	0,16	0,05	0,05	0,00	-0,11	-0,01	0,14	-0,11	**0,62**	-0,11	0,00	-0,09	0,05	-0,04	0,04	0,04	-0,14	-0,02	0,03	0,00	0,08	-0,08	-0,12	-0,02	0,08	0,11	0,08	0,06	0,14
g15	0,11	0,18	0,09	-0,12	-0,08	-0,08	0,10	0,09	0,09	-0,07	-0,05	-0,02	-0,04	-0,11	**0,77**	0,00	-0,18	-0,09	-0,06	-0,07	0,06	0,12	-0,01	0,15	0,15	0,03	-0,09	0,05	-0,17	-0,01	0,11	-0,31	0,15	-0,13
g16	-0,09	-0,02	0,00	-0,16	0,23	-0,10	0,00	-0,11	0,09	0,00	0,21	-0,09	0,14	0,00	0,00	**0,63**	-0,04	0,03	-0,21	0,08	0,01	0,00	0,15	-0,15	-0,25	-0,16	0,01	-0,03	-0,01	-0,22	0,00	0,08	0,05	0,09
g17	0,10	-0,36	0,04	0,06	0,03	0,00	-0,27	0,02	0,05	0,05	-0,05	-0,04	-0,09	-0,09	-0,18	-0,04	**0,75**	-0,15	0,20	-0,04	-0,12	0,08	-0,07	-0,05	-0,03	0,05	-0,12	-0,05	0,13	0,08	0,00	0,08	0,04	-0,01
g18	-0,41	0,07	0,03	0,03	0,04	0,05	-0,05	-0,08	0,05	0,05	-0,05	0,03	-0,08	0,05	-0,09	0,03	-0,15	**0,85**	-0,03	-0,04	-0,08	0,09	0,06	-0,06	0,04	0,02	0,02	0,18	-0,11	0,04	-0,35	0,20	-0,08	0,25
g19	0,00	-0,26	-0,14	0,08	0,08	0,02	-0,26	0,05	0,04	-0,09	-0,16	-0,21	0,03	-0,04	-0,06	-0,21	0,20	-0,03	**0,78**	-0,10	-0,19	0,26	0,06	0,01	-0,08	0,02	0,02	-0,11	0,03	-0,02	0,11	-0,16	-0,08	-0,20
g20	-0,03	-0,01	-0,35	0,13	0,05	0,13	0,01	0,07	-0,03	0,24	0,01	0,22	0,25	0,04	-0,07	0,08	-0,04	-0,04	-0,10	**0,79**	0,23	-0,45	0,02	-0,02	0,05	-0,16	-0,13	-0,10	0,02	-0,03	0,01	-0,14	-0,16	0,01
g21	0,13	0,15	-0,16	-0,24	0,04	0,10	0,00	0,05	0,05	0,08	0,05	-0,07	0,24	0,04	0,06	0,01	-0,12	-0,08	-0,19	0,23	**0,74**	-0,64	0,09	0,02	0,15	-0,14	-0,07	-0,11	0,05	0,08	0,10	0,06	-0,06	0,02
g22	-0,02	-0,17	0,04	-0,54	-0,08	0,05	0,19	0,08	0,00	0,05	0,11	0,00	-0,19	-0,14	0,12	0,02	0,08	0,09	0,26	-0,45	-0,64	**0,73**	-0,34	0,06	0,02	-0,09	0,13	-0,02	-0,01	-0,34	-0,02	0,06	0,01	-0,07
g23	-0,05	0,07	0,06	-0,04	-0,06	-0,01	-0,23	-0,17	0,13	-0,12	0,12	0,04	-0,04	-0,02	-0,01	0,15	-0,07	0,04	0,06	0,02	0,09	-0,34	**0,52**	-0,18	-0,08	0,11	0,03	-0,01	-0,01	0,41	-0,14	0,08	-0,09	0,12
g24	0,13	-0,11	0,01	0,04	-0,02	0,03	-0,14	-0,01	0,15	-0,15	0,09	-0,06	0,00	0,03	0,15	-0,15	-0,05	0,04	0,01	-0,02	0,02	0,06	-0,18	**0,80**	-0,01	0,20	-0,12	-0,04	0,13	-0,01	0,09	0,08	-0,15	-0,01
g25	0,26	0,10	0,08	0,06	-0,22	-0,08	0,00	-0,06	-0,27	0,03	-0,02	0,09	0,07	0,00	0,15	-0,25	-0,03	0,02	-0,08	0,05	0,15	0,02	-0,08	-0,01	**0,77**	-0,09	-0,12	0,01	0,05	0,41	0,03	-0,16	0,18	-0,07
g26	0,01	-0,07	0,13	-0,06	0,03	-0,06	0,00	-0,18	-0,06	0,01	0,01	-0,23	-0,18	0,08	0,03	-0,16	0,05	0,02	0,02	-0,16	-0,14	-0,09	0,11	0,20	-0,09	**0,83**	0,77	-0,02	-0,09	-0,09	0,06	0,05	-0,07	0,04
g27	-0,07	0,02	-0,04	0,23	-0,25	-0,07	0,01	0,07	0,03	0,08	0,00	0,05	-0,08	-0,08	-0,09	0,01	-0,12	0,02	0,02	-0,13	-0,07	0,13	0,03	-0,12	-0,12	0,83	**0,77**	-0,21	-0,01	-0,01	0,10	0,02	0,09	-0,11
g28	0,19	-0,27	-0,01	0,09	-0,10	0,00	0,19	0,21	0,14	-0,03	-0,23	0,00	0,13	-0,12	0,05	-0,03	-0,05	0,18	-0,11	-0,10	-0,11	-0,02	-0,01	-0,04	0,01	-0,02	-0,21	**0,79**	-0,25	0,06	-0,16	0,09	0,08	-0,14
g29	0,04	0,01	0,04	0,28	-0,10	-0,02	0,00	-0,06	0,14	-0,01	-0,07	0,00	0,11	-0,02	-0,17	-0,01	0,13	-0,07	0,03	0,02	0,05	-0,01	-0,01	0,13	0,05	-0,09	-0,01	-0,25	**0,85**	0,00	0,00	0,06	-0,06	-0,15
g30	0,08	0,09	0,05	0,05	-0,18	0,05	0,13	0,21	-0,17	0,00	-0,06	0,16	0,16	0,08	-0,01	-0,22	0,08	0,04	-0,02	-0,03	0,08	-0,34	0,41	-0,01	0,41	-0,09	-0,01	0,06	0,00	**0,42**	-0,14	-0,14	0,23	-0,17
g31	-0,17	-0,11	-0,11	-0,12	0,15	0,00	0,04	-0,35	0,12	0,11	0,00	-0,23	0,16	-0,35	0,11	-0,19	0,00	0,00	-0,20	0,01	0,08	-0,22	0,16	0,00	-0,31	0,10	0,10	-0,14	-0,22	0,14	**0,70**	-0,26	-0,13	-0,06
g32	0,07	0,05	0,06	0,11	-0,19	0,04	0,02	0,20	0,11	-0,16	0,10	0,02	-0,24	0,15	-0,31	-0,19	0,08	0,20	0,09	-0,14	0,06	0,06	0,08	0,08	-0,16	0,05	0,02	0,05	0,08	0,04	-0,26	**0,76**	0,01	0,11
g33	-0,03	-0,01	0,22	0,02	-0,20	-0,10	0,19	0,04	0,23	-0,01	-0,16	0,05	-0,04	0,06	0,15	0,05	0,04	-0,08	-0,08	-0,16	-0,06	0,01	-0,09	-0,15	0,18	-0,07	0,09	0,08	-0,06	0,23	-0,13	0,01	**0,69**	-0,08
g34	-0,14	0,08	0,08	-0,09	-0,01	0,06	0,04	-0,13	0,14	0,05	0,24	-0,04	-0,06	0,14	-0,13	0,09	-0,01	0,25	-0,20	0,01	0,02	-0,07	0,12	-0,01	-0,07	0,04	-0,11	-0,14	-0,15	-0,17	-0,06	0,11	-0,08	**0,80**

* Maß der Stichprobeneignung hervorgehoben

Michael Schmale, M.A., geb. 1980, lebt mit seiner Frau und seiner Tochter in Münster und studierte dort Psychologie, Pädagogik und Sozialwissenschaften an der Westfälischen Wilhelms-Universität. Seit 2009 berät er Organisationen in psychologischen Themen wie Mitarbeiterführung, Social-Media sowie der Gestaltung und Optimierung von Informations- und Kommunikationsprozessen. Von ihm entwickelte Software sowie verschiedene Instrumente zur Organisationsentwicklung werden vor allem in Non-Profit-Organisationen bundesweit erfolgreich eingesetzt. Darüber hinaus unterrichtet er Pädagogik, Sozialwissenschaften und Wirtschaft an einer Gesamtschule in Nordrhein-Westfahlen.